军事装备学丛书

武器装备质量管理体系一体化建设研究

宋华文　孟冲　著

国防工业出版社

·北京·

内 容 简 介

本书是对武器装备质量管理模式的理论创新和实践探索。全书以系统科学理论和方法为指导,提出了武器装备一体化质量管理体系的建设模式,共分为4个部分,由8章组成。第一部分(第1、2章),阐述了武器装备质量管理体系一体化建设模式提出的背景意义和现实基础,分析了武器装备质量管理体系一体化建设的内涵本质,以及要素结构、功能要求、外部环境;第二部分(第3、4、5、6章),提出了武器装备质量管理体系一体化建设的总体构想,论述了武器装备质量管理体系一体化建设的组织形式、运行方式、计划方法;第三部分(第7章),设计了武器装备质量管理体系一体化建设模式的有效性评价模型;第四部分(第8章),提出了推进我军武器装备质量管理体系一体化建设的思路方法和路线途径。

本书具有较强的理论性、系统性、创新性、实用性,既可作为军事装备学、军队管理学等专业的研究生教材或教学参考书,也可供部队装备机关干部和院校、科研院所、军代表系统从事装备管理、质量管理等工作人员学习借鉴和参考。

图书在版编目(CIP)数据

武器装备质量管理体系一体化建设研究／宋华文,
孟冲著. —北京:国防工业出版社,2014.1
(军事装备学丛书)
ISBN 978-7-118-09368-1

Ⅰ.①武… Ⅱ.①宋… ②孟… Ⅲ.①武器装备－质量管理体系－一体化－研究 Ⅳ.①F407.486.3

中国版本图书馆 CIP 数据核字(2014)第 030068 号

※

国防工业出版社出版发行
(北京市海淀区紫竹院南路23号　邮政编码100048)
北京嘉恒彩色印刷有限公司
新华书店经售
*
开本 710×960　1/16　印张 12　字数 199 千字
2014 年 1 月第 1 版第 1 次印刷　印数 1—2500 册　定价 58.00 元

(本书如有印装错误,我社负责调换)

国防书店:(010)88540777　　　发行邮购:(010)88540776
发行传真:(010)88540755　　　发行业务:(010)88540717

前　言

随着我军军事力量结构转型和新型作战力量建设步伐加快,武器装备体系结构越来越复杂、科技含量越来越高,装备质量管理面临着诸多新情况新问题,影响武器装备建设质量的一些深层次矛盾问题日益凸显。特别是长期形成的"多头、分段、分散"管理的体制机制性弊端仍然存在,还没有从根本上得以有效解决,已经成为影响和制约装备质量提升的重要方面,亟待加以研究解决。基于此,本书试图探索与新形势下我国武器装备建设发展要求相适应的装备质量管理模式,提出了武器装备质量管理体系一体化建设的基本构想,旨在转变武器装备质量管理模式,推进武器装备质量管理体制深化改革,促进武器装备建设科学发展。

从装备质量问题形成的全过程来看,涉及立项论证、研制生产、试验鉴定和使用维修等各个阶段,但从本质上讲,影响装备质量的因素主要有两大类:一类是设计、生产、材料和工艺等技术性因素;另一类则是管理性因素。仅就装备质量管理性因素而言,既有管理体制不够科学、运行机制不够顺畅、法规制度不够完善、标准规范不够配套等问题,也有质量监管技术手段跟不上、质量监管队伍建设相对薄弱等问题。作者自 2005 年开始致力于装备质量管理问题研究,先后得到了全军武器装备维修科学与改革研究课题、国家社会科学基金暨全军军事科研计划课题、总装试验技术研究重点课题等多项基金的支持,形成了装备质量管理方面的系列研究成果。本书针对我国武器装备质量管理体系建设存在的问题,基于体系的视角,从管理的层面,用系统的思想,构建我国武器装备质量管理的新模式,为深化装备管理体制改革、完善装备质量管理制度机制提供理论支撑。

本课题在立项论证、研究撰写、成果形成及评审过程中,得到了总装科技委顾问石世印委员,军事科学院胡光正、何学仁、马卫防,总部机关蒋跃庆、李志强、赵洪利、袁之力、赵晏、黄伟等领导和郭齐胜、姜明远等很多同行和专家学者的大力支持和指导帮助;书中还吸取了学术界诸多研究成果,借鉴参考了国内外许多文献资料。借此书出版之际,向给予支持和帮助的各位领导和专家学者,向本书中所借鉴、引用的参考文献作者,一并致以诚挚的敬意和衷心的感谢。

装备质量是装备建设永恒的主题,对质量的追求是永无止境的,装备质量管理体系建设需要在实践中不断探索、不断完善、不断创新!由于我们研究和认识水平的局限性,书中不妥之处在所难免,敬祈读者不吝赐教,批评指正。

作 者

2013 年 7 月于北京怀柔雁栖湖畔

目　录

第1章 绪 论

1.1 研 究 背 景

装备质量是装备建设的基础工程和生命工程,是一项长期的战略性任务。"装备质量,是关系官兵生命、关系战争胜负的大问题;要始终坚持质量第一的方针,切实加强装备的质量管理和科学使用[1]。"新世纪以来,我军装备建设步入快速发展的轨道,以信息技术为核心的大批新型装备陆续配发部队,装备体系结构发生重大改善。与此同时,影响和制约我军装备质量的诸多深层次矛盾日益凸显,特别是装备质量管理体系存在的多头、分散、分段管理的体制机制性弊端,亟待研究解决。

从装备质量形成的全过程来看,涉及立项论证、研制生产、试验鉴定和使用维修等各个阶段,涉及装备主管部门,政府主管部门,承论、承研、承制、承修单位,试验鉴定单位,使用单位和质量体系监管单位等诸多行为主体,涉及人员、设备、材料、方法、环境等各种要素,呈现出周期长、多阶段、主体多元、要素多样、协作面广等显著特征,导致装备质量管理难以形成合力。

从我军装备质量管理体系建设现状来看,装备质量管理依托各业务部门开展工作,仍没有实现"集中统一"领导,职能分散、多头管理问题突出。例如,军品研制生产单位质量管理体系认证工作和军品研制生产单位资格审查工作分属总部两个二级部主管部门,在职能上具有交叉重复性;再如,军事代表的多头管理、重复派驻问题。全军军事代表由多个部门分别管理,重复派驻的军事代表室达百余个,"一厂多室"现象十分严重,甚至有多个装备订货部门向同一装备承制单位派驻军事代表情况。由于"一厂多室"、各自为政,造成军事代表力量分散,工作标准不一致,相互协调困难,不能够以"同一声音"面对承制单位,导致质量监管整体效益不高。

从装备质量问题的产生情况来看,2004 年,总部组织工作组对某领域发射场地面装备设施质量问题进行调查分析,通过收集到的千余例有效故障统计分析情况得出,装备故障涵盖立项论证、设计生产、安装调试、使用维修等全寿命周期各个环节,包括论证问题、设计问题、工艺问题、老化问题、环境问题、操作问题、管理和人为问题等,上述因素导致的故障分别占故障总数的4.1%、10.4%、12.1%、26.5%、5.8%、13%、28.2%,如图1-1所示。2006年,总部组织对陆军装备质量问题进行普查,梳理出的质量问题中管理类问题占26.7%。其中,立项论证阶段占问题总数的10.6%,研制生产阶段占问题总数的45.6%,试验鉴定阶段占问题总数的9.6%,使用维修阶段占问题总数的35.3%,如图1-2所示。这些均反映出质量管理问题已成为提高装备建设质量的重要突破口,也表明了质量管理工作的极端重要性。

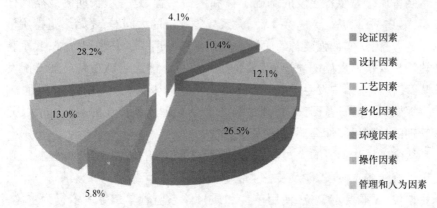

图1-1　某领域地面装备设施质量问题分析

（a）　　　　　　　　　　　　　　　（b）

图1-2　陆军装备质量管理问题分析

综上所述,如何确保装备质量管理的各个单位部门职级清晰、责权明确、协调有序,确保影响装备质量管理的各种资源、要素优化配置,确保装备质量管理的各个阶段、各个环节紧密衔接、有效控制,确保参与装备质量管理的全体成员密切配合,确保交付部队的装备符合装备质量设计要求和作战使用要求,已成为装备建设领域迫切需要解决的重要问题。基于此,全书以"全面质量管理"思想为指导,以武器装备质量管理体系为研究对象,以解决装备多头、分散、分段质量管理弊端为主要目标,以"武器装备质量管理体系一体化建设研究"为书名,开展研究论述。

1.2 研究意义

以《武器装备质量管理条例》为准绳①,深入分析新形势下装备质量管理体系建设需求和目标,积极创新装备质量管理模式,研究探索武器装备质量管理体系一体化建设模式,对于推动武器装备建设又好又快发展,具有重要的理论和现实意义。

1.2.1 理论意义

武器装备质量管理体系一体化建设,是综合运用军事装备理论、质量管理理论、系统工程理论、组织设计理论、集成管理理论、机制设计理论等理论方法,对现行装备质量管理资源、要素进行优化重组、内化聚合的结果,是对装备质量管理体系建设模式的创新性探索,对装备质量管理理论体系的丰富与完善,对军事装备理论体系的进一步拓展具有重要意义。

1.2.2 现实意义

1. 促进我军武器装备建设科学发展的重要组织保证

党中央根据国际战略形势和我国安全环境的发展变化,从维护国家主权、安全和统一的需要出发,做出了加快发展我军高新技术武器装备的战略决策。近年来,一大批信息化武器装备陆续配发部队,使我军武器装备体系结构发生了根本性变化,现代化水平显著跃升,但同时也考验了我军武器装备建设的质量管理能力。可以说,装备发展速度越快,装备信息化水平越高,就必然越要求优质、高效的武器装备质量管理制度机制与之相适应,用以提高武器装备的可靠性、维修性、保障性要求,用以降低全寿命周期武器

---

① 国务院,中央军委.《武器装备质量管理条例》,载《解放军报》,2010 - 10 - 9(3)。

装备费用,用以增强维修保障人员快速恢复武器装备战斗力的能力。因此,着力创建与信息化武器装备体系相适应的新型装备质量管理体系,是新形势下提高我军武器装备建设质量的组织保证。

2. 解决我军装备多头、分散、分段质量管理弊端的迫切需要

经过几十年的建设与发展,尤其是总装备部的成立,标志着我军武器装备建设实现了"集中统一"领导,武器装备质量建设形势发生了重大改观。与此同时,我们也发现,虽然在总体上我军武器装备实现了"全面质量管理",但是现行的装备质量管理体系仍处在不完善的发展阶段,整体协调性仍然不足,全寿命周期各阶段缺乏管理的继承性;整体筹划能力仍然薄弱,重要关节点缺乏综合质量规划;多头、分散管理,信息反馈渠道不畅等诸多深层次问题亟待研究解决。因此,以科学发展观为指导方针,把握国家经济形势的发展变化,深刻认识武器装备质量管理体系建设的紧迫性,加强新形势下装备质量管理体系建设研究,有利于从根本上解决制约我军武器装备建设质量的瓶颈问题。

3. 深化我军装备质量管理体制机制改革的科学选择

十七大报告中指出,"要适应世界军事发展新趋势和我国发展新要求,推进军事理论、军事技术、军事组织、军事管理创新[2]"。新世纪以来,针对我军装备质量工作特点,不断健全装备质量管理制度,完善装备质量管理法规,创新装备质量管理方法,装备质量管理水平显著提升。但是,世界新军事变革的蓬勃发展,我军装备体系结构的巨大变化,以及我军新型装备发展的强劲势头,必然要求创新装备质量管理理论,探索装备质量新型组织模式、管理方式,切实破解新形势下我军装备质量管理难题。武器装备一体化质量管理模式,将更加注重科学统筹,实现装备质量管理全过程的合理规划;将更加注重整体协调,从根本上解决体制上带来的横向协调困难问题;将更加注重系统优化,实现体系运转的优质高效。因此,创建武器装备一体化质量管理体系,是适应我军装备发展要求,符合装备质量建设规律的必然选择,更是深化我军装备质量管理体制机制改革的理性选择。

4. 总结世界军事强国装备质量管理经验做法得出的深刻启示

20世纪90年代以来,以美国为代表的世界军事强国不断调整改革装备管理体制机制,特别是近年来,针对武器装备建设存在的突出问题,改革力度越来越大。装备质量管理作为武器装备建设的重要内容,改革步伐从未间断,逐步实现了向全面质量管理转变,向综合指标均衡管理转变,向精益管理转变,向集成管理转变[3]。例如,2005 年,美军在装备采办管理中,将原来的规划、计划、预算制度调整为规划、计划、预算和执行评审制度,增加了执行评审过程,更加强化了对装备质量形成全过程的评估。又如,1998 年,英军实施了以"精明采办"为目标的装备管理体制改革,成立了装备采办一体化项目小组,装备质量管理作为重要内容纳入其中;该小组的建立,标志着英军装备全系统、全寿命质量管理真正落到了实处。再如,法军的装备质量管理是由多学科一体化项目小组成员项目质量工程师负责,该工程师是由计划管理、采购方法和质量控制局下设的质量处负责派出的,在组织上隶属计划管理、采购方法和质量控制局领导,在业务上隶属联合项目小组领导;法军的这一改革措施,其内涵在于将质量管理前伸到了计划论证阶段,体现了全过程质量计划思想。美、英、法等世界军事强国装备质量管理改革实践表明,以全系统、全寿命质量管理思想为指导,以全过程集成式、一体式质量管理为手段,基于新理论、新视角、新技术创新装备质量生成模式,成为世界各国加强装备质量管理工作的普遍做法。因此,构建具有我军特色的武器装备一体化质量管理体系,是总结和借鉴世界军事强国装备质量管理经验做法得出的深刻启示,是主动汲取世界军事强国装备质量管理有益成果的重要实践。

1.3 国内外装备质量管理体系
建设研究与发展现状综述

1.3.1 国外装备质量管理体系建设研究与发展现状

国外尤其是美、英等世界军事强国不断创新装备质量管理理论与方法,并积极应用于装备质量管理体系建设实践,有力地促进了装备质量管理水平的快速发展。

1. 美军装备质量管理体系建设研究与发展现状

美军装备质量管理历经了质量检验、统计质量控制、全面质量管理等发展过程,正在从以技术为主导解决质量问题发展到以管理活动为主导解决质量问题的阶段,形成了诸多装备质量管理思想与方法,在装备质量建设中发挥重要作用。

在装备质量管理理论研究方面,美军始终走在世界前列。最早的质量保证标准就是从美国的军用标准发展而来的。当前,美军装备质量管理积极推行质量体系认证,ISO9001、CMM(软件能力成熟度模型)、CMMI(集成的能力成熟度模型)已成为美军软件密集系统质量管理适用标准①。美军在装备采购中发现,经过验收符合技术标准要求的武器装备,却在使用过程中达不到预期要求,反映出了现代武器装备技术性能指标仅靠最终检验是远远不够的,继而提出了"基于过程"的质量控制理念[4],应用于装备需求、研制、生产部署和使用保障等全寿命管理各个阶段[5-7],推动了"全面质量管理理论"的发展。美军认为,要注重防止问题而不是发现问题;要注重过程控制而不是最终产品检测。随着装备质量管理实践的发展,美军相继提出了精益管理理论[8]、以可靠性为中心维修理论、基于状态的维修理论[9]、基于性能的后勤管理思想[10]等,均为促进装备质量管理水平的提高做出了重要贡献。

在装备质量管理方法研究方面,美军更是不断推陈出新,最大限度地运用技术手段、经济手段和其他管理策略加强装备质量管理。

在装备质量形成的全寿命周期,提出了"基于能力"的管理思想[11],采用系统分析方法,确定装备质量需求;提出了"基于仿真②[12]"、"研制样机"、"承包商竞争"、"选择合同类型[13-14]"等方法提高装备研制质量;提出了"基于事件的进度管理方法[15]"、"承包商以往业绩评估制度"、"渐进生产策略[16]",提高装备生产质量;在装备使用保障阶段,提出了"精益六西格玛方法[17]"、"产品改进小组方式"、"承包商担保契约方式"提高装备使用维修质量。

另外,依靠法律规范和奖惩制度手段也是美军加强装备质量管理的重要方式。法律规范主要包括《联邦采办条例》(FAR)、《联邦采办条例国防部补充条例》(DFARS)、国防部 5000 系列文件、国防部部局和军种的有关规范等。美军在采办质量管理上推行有效的激励制度,其奖励分为三个层

---

① 龙梦廷. 美军武器装备软件系统质量管理研究,载于《知远防备评论》,2009 - 9 - 1。

② Colleen Preston(美防务采办改革的国防部副部长)指出,建模仿真技术可应用到每个主要的 DoD 武器研制项目,以减少设计和生产成本,提高性能、改进诊断与维护、更快更好地帮助人员训练,以及改进战场上的指挥与控制。

次:国家级采办奖(总统质量奖和"鲍德里奇"国家质量奖)、国防部级采办奖(国防采办改革奖、国防采办执行官成就奖、"帕卡德杰出采办奖"、国防部价值工程奖等)、各军种及部局级采办奖[18]。当然,美军装备采办在责任追究方面制度也十分健全。通过多种途径发现质量问题,并有效予以责任认定与裁决[19]。

在装备质量管理组织体制研究方面,美军装备质量管理是国防采办管理的重要内容[20],其组织体系耦合其中。装备项目管理是一种切实可行的全系统全寿命管理手段和方式,是管理理论与实践的重大突破,对提高美军装备采办质量管理效益发挥重大作用[21]。产品和过程的综合研制(Integrated Product and Process Development,IPPD)和一体化产品小组(Integrated Product Team,IPT)是装备全寿命周期质量管理组织形式的重要理论探索与实践应用[22]。该种组织模式体现了层次化、扁平化、柔性化特征。其核心优势在于打破了组织内部机构的一元界限,建立了以人际合作关系为基础的协同工作方式,形成了相对"集中统一"的领导方式。

综合上述的理论基础,形成了以 IPT 为支撑,基于纵向"三类"机构保证[23],即高层政策决策机构、执行机构及提供专业技术服务的专业研究机构,横向"六方"具体实施[24],即军方技术主管部门、项目管理部门、合同管理部门、合同审计部门、作战试验与鉴定部门、以及承包商,且"协调配合、相互监督,彼此制衡"的美军装备质量管理组织运行体系,如图 1-3 所示。

2. 英军装备质量管理体系建设研究与发展现状

英军装备质量管理体系是实现装备采办管理目标的主要手段,其理论与方法的发展和应用受到英国国防部的高度重视。在装备质量管理组织模式创新方面,1998 年 7 月,英国实施的以"精明采办"为目标的改革[25],创建以一体化项目小组为核心的项目管理体系,实现了"全系统、全寿命"质量管理思想的创新发展。该质量管理组织工作方式不同于美军(分散于项目管理、合同管理之中),参与完成全过程质量管理工作,使得装备全系统、全寿命质量管理真正落到实处[26]。在装备质量管理理论实践与方法运用方面,英军基于 ISO9000 系列标准,创建装备质量保证标准体系,即国防标准 05-90 系列和北约多边质量保证系列文件(AQAP),为规范装备质量管理提供遵循。提出"全过程质量计划",即质量管理战略和质量管理计划,它涉及项

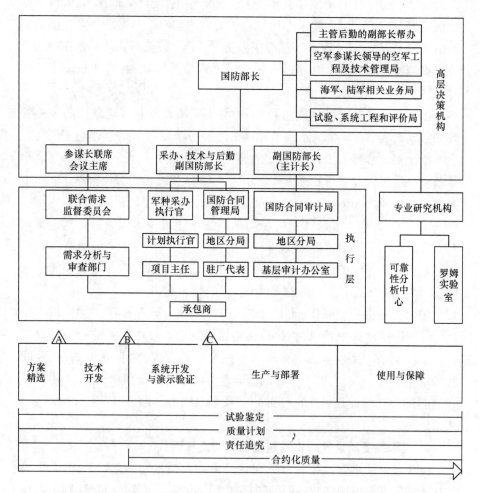

图1-3 美军装备质量管理组织运行体系

目从概念研究阶段到报废处置阶段的全寿命过程,为确保装备全过程质量管理提供依据[27]。基于"戴明循环理论",即计划(Plan)－执行(Do)－检查(Check)－总结(Act),围绕装备质量管理任务,提出制定装备质量保证工作程序的方法流程,确保质量监管的正规有序。

基于此,形成了由质量保证主管机构、一体化项目小组(及其质量保证官)和质量保证代表组成[28],且"全程监管、协调顺畅、运转高效"的英军装备质量管理组织运行体系,如图1-4所示。

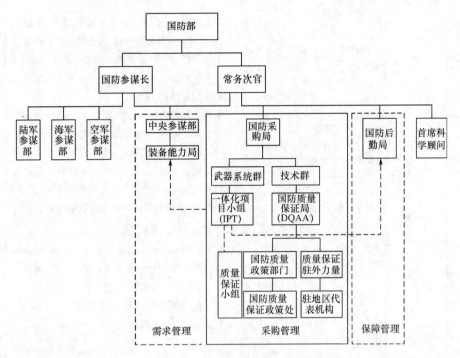

图1-4 英军装备质量管理组织运行体系

1.3.2 国内装备质量管理体系建设研究与发展现状

我国装备建设经过几十年的发展,在装备质量管理体系建设研究与实践上,探索了一系列卓有成效的理论与方法,积累了许多体现时代特色的成功经验和有效做法,逐步形成了一定的与装备建设发展要求相适应的质量管理体系。

1. 国内装备质量管理体系建设研究现状

1)国内装备质量管理体系建设研究的基本情况

近年来,一系列装备质量管理理论专著陆续出版,为开展装备质量管理研究工作提供理论支撑。表1-1为装备质量管理研究代表性著作及其观点评价。

表 1 - 1   装备质量管理研究代表性著作

序号	类别	著作名称	出版时间	主要观点、意义及评价
1	全面性质量管理	《装备全面质量管理》[29]	2003.01	系统阐释了全面质量管理的概念、原理、基础工作、主要内容和常用方法，为开展全面质量管理工作研究与应用提供理论参考。其不足在于：对于全面质量管理理论如何运用装备质量管理实践没有深入分析
2		《武器装备全寿命质量管理》[30]	2009.03	概述了全面质量管理的理论与方法，着重阐释了装备论证、研制生产、使用保障全寿命质量管理主要内容，为提高装备全过程质量管理水平奠定理论基础。其不足在于：全面质量管理的内涵强调从系统整体的角度分析质量管理组织及其运行，该书仅针对各阶段装备质量管理内容和方法进行独立分析
3		《武器装备质量管理和风险管理》[31]	2009.12	基于系统观揭示了武器装备全系统、全寿命质量管理的基本内涵，具有一定的创新性，对指导装备全面质量管理体系建设具有重要意义。其不足在于：没有阐述实现上述思想的组织设计、促进运行和法律保障方法
4	阶段性质量管理	《论证管理与质量评价》[32]	2005.01	系统全面地阐述了论证阶段装备质量管理的内容、方法及措施，具有很强的针对性，对装备论证质量管理实践运用具有重要指导价值。其缺憾在于：理论性不足，且缺少对论证质量管理后期效应的探索研究
5		《军品质量监督与检验验收》[33]	2001.10	针对装备研制生产阶段，分别从主体（军事代表）、客体（质量监督内容）两方面阐述了军品质量监督的内容、程序、方法和要求，对装备研制生产质量管理实践运用具有重要指导价值
6		《驻厂军代表工作概论》[34]		
7	针对性质量管理	《装备软件质量和可靠性管理》[35]	2006.01	针对装备软件特点，基于软件开发的全过程探索软件质量和可靠性的管理框架及其相应的方法和程序，给出现代软件质量与可靠性管理的时间维、空间维、组织维模型，为装备全系统、全寿命质量管理研究提供重要借鉴。一个重要问题延伸：即装备软件与软件密集型装备质量管理的联系，如何开展软件密集型装备质量管理

（续）

序号	类别	著作名称	出版时间	主要观点、意义及评价
8	技术类	《军品质量工程》[36]	2008.01	着重从技术方法层面解决军品质量管理问题，具有普适性。其不足在于：未就近年来装备质量管理的新技术、新方法进行探索研究
9	新理论	《装备采购合约化质量理论研究》[37]	2008.11	从合同对质量约束的角度，创新性提出了"合约化质量"理念，揭示了合约化质量的认知原理和运动规律，对于提高装备采购质量效益具有重要意义。但从装备质量建设角度出发，合约形成于研制生产初始阶段，因此，合约化质量管理仍属阶段性质量管理。另外，合约的形成永远是不完备的，合约化质量管理的法律效力是有限的

（1）装备质量管理体系建设理论方法研究。

关于装备质量管理体系建设的理论和方法研究，可分为三大类。一是总论类装备质量管理理论和方法研究，如表1-2所列；二是全寿命周期各阶段的装备质量管理理论和方法研究，如表1-3所列；三是装备全面质量管理理论和方法研究。

表1-2 总论类装备质量管理问题研究

序号	主要观点	代表性文献
1	深刻阐释了装备质量工作的重大意义和面临的严峻形势，指出了装备质量工作改革创新的思想方法[1]	《深入贯彻落实科学发展观，不断提高我军装备质量建设水平》
2	从转变管理观念、加强过程管控、依靠技术推动、加强质量文化建设、坚持依法管理等方面提出了推进武器装备质量建设创新发展的新思路、新方法①	《在新的起点上推进武器装备质量建设创新发展》
3	提出推进装备质量管理体系建设应把握的关键问题和要处理好三种关系[38]	《适应装备建设发展要求，加强质量管理体系建设》
4	总结我军装备质量管理体系建设的主要成果、经验做法和存在问题，提出新形势装备质量管理体系建设的任务要求[39]	《武器装备质量管理体系建设工作报告》
5	从管理视角提出加强新时期装备建设质量和效益的方法措施[40]	《提高新世纪新阶段武器装备建设质量和效益的思考》

---

① 常万全在贯彻落实武器装备质量管理条例动员部署会议上的讲话，载于《解放军报》，2010 - 12 - 18(1)。

表 1 - 3　阶段性装备质量管理问题研究

阶段划分	主要观点	代表性文献
立项论证	①揭示了装备论证质量管理的基本内涵和特点要求[41];②分析了装备论证质量的表征和影响因素[42];③提出了论证质量控制的重要环节和程序方法[43]	《论装备论证质量管理》、《武器装备论证质量刍议》、《加强装备型号论证质量控制的方法研究》
研制生产	①比较分析了国内外装备研制生产质量监督模式,系统提出了我军装备研制生产质量监督模式的改进方法[44];②从组织机构、管理模式、管理技术三方面,提出装备研制生产过程的"五性"量化监督工作模式,以确保装备研制生产质量[45];③从军代表角度提出加强装备承制单位质量管理体系监督的有关设想[46]	《装备研制生产质量监督模式研究》(学位论文)、《海军武器装备研制过程中"五性"监督模式探讨》、《军事代表对民营企业质量管理体系监督方法探讨》
试验鉴定	①总结了装备试验过程管理的特点规律,提出了装备试验过程质量管控的方法措施[47];②提出电子装备试验质量管理体系有效性的模糊综合评判方法[48]	《装备试验过程质量管理研究》、《电子装备试验质量管理体系有效性评估研究》
使用维修	①系统提出了装备维修质量过程控制与改进体系[49];②全面分析我军装备维修保障质量管理体系建设基本情况,提出了加强装备维修保障质量管理体系建设的总体思路[50];③从人员素质、维修设备、环境、维修管理制度等7个方面深入分析了装备维修质量影响因素[51];④针对舰船维修企业质量管理缺乏整体优化和协调的不足,提出基于质量链的维修质量控制方法[52]	《装备维修过程质量控制与研究》(学位论文)、《关于加强我军装备维修保障质量建设问题的思考》、《影响武器装备维修质量的基本要素分析》、《基于质量链的舰船装备维修质量控制研究》

　　所谓装备全面质量管理理论方法研究,是指从系统全局的视角研究装备质量管理问题,这是本书研究的重要基础。

　　文献[53]运用"过程方法"理论,提出装备质量监督策划、控制和改进的内容、原则和方法,对于转变装备质量监督管理模式,改进装备质量管理监督管理方法具有重要借鉴价值。尽管该文仅就装备质量监督问题(研制生产阶段)研究,但该方法的运用,对全寿命阶段装备质量管理有着重要启示。

　　文献[54]同样基于"过程方法",建立了军品开发过程质量控制、制造过程质量控制、交付和售后服务过程质量控制体系,但三个过程间仍然是独立的,缺少对过程方法内涵的进一步挖掘。

文献[55]阐释了无缝链接一体化管理质量监督的内涵,提出了实现该种质量监督模式的方法途径,为开展本书研究奠定理论基础。

文献[56]基于系统论观点,提出了一体化装备质量保证系统的概念,揭示了一体化装备质量保证系统的要素、结构、功能、运行和环境,从实质上讲是对文献[55]内容的进一步深化研究。

文献[57]运用现代质量管理理论与系统工程方法,从主体维、对象维、目标维、依据维、方法维、时机维构建了装备质量监督体系框架,为深层次、多维度系统分析装备质量管理体系提供理论借鉴。

文献[58]提出了构建研制、生产、保障"三位一体"装备质量管理模式的基本思想,分析了该种模式建设重要性和必要性,给出了其建设的主要内容。

(2)装备质量管理组织结构研究。

组织结构,是装备质量管理体系建设的根本,是推动装备质量管理工作科学发展的源动力。通过查阅"清华同方知网"中文期刊全文数据库、优秀博硕士学位论文数据库、"维普中文科技期刊数据库"、"军事期刊总库",关于装备质量管理组织结构设计相关问题研究的文献较少。文献[59,60]均针对装备维修质量管理组织设计问题开展研究,分别运用模糊数学和随机Petri网理论,构建出了装备维修质量管理组织结构模型,对装备质量管理组织结构设计具有一定的参考应用价值。

(3)装备质量管理运行机制研究。

近年来,针对如何提高装备采购管理体系运行效能,围绕"四个机制",即竞争机制、评价机制、监督机制、激励机制,诸多学者展开了深入研究。关于装备质量管理运行问题,文献[61]提出了基于集成信息化质量管理体系运行系统促进装备质量管理工作高效运行的机制性方法。文献[62]从强化质量工作基础建设、制度建设、规范质量工作程序、落实质量责任等方面提出了建设质量工作长效机制的有关设想。

2)国内装备质量管理体系建设研究存在的不足

(1)基于"体系"的视角,研究装备质量管理问题的文献较少。

从理论专著、学位论文、到学术文章,关于装备质量管理问题的研究颇多,但绝大多数文献的研究视角局限在装备质量管理的某一阶段,或者某一责任方,没有形成系统、整体的体制机制建设理念,站在全局的高度,系统、深入地研究装备质量管理体系建设问题的文献不多。例如,大量研究成果表明我军装备质量管理,缺少协调机制,缺少"前伸、后延"的服务保障机制,缺少质量成本评估机制,缺少责任追究机制等等。但是,这些研究均暴露出了"只见树木,不见森林"的片面观,只是从某一侧面,采用"头痛医头,脚痛医脚"的方法,难以全面把握全系统、全寿命要素,必然由于某一环节的薄弱,而导致无法形成整体的合力。因此,如何运用全面质量管理思想,研究装备质量管理体系建设问题,仍需更加深入。

(2) 装备质量管理体制机制研究创新手段单一,定性研究多,定量研究少。

一是创新手段单一,缺乏国内外质量管理理论、组织管理理论、系统建设理论等多学科方法"融合式"创新方式;二是定性研究多,定量研究少。从文献综述情况来看,目前,关于装备质量管理问题的研究,绝大多数集中在装备质量管理体制机制的理论分析上,运用定量,或定性与定量相结合的方法,研究装备质量管理问题的较少,对装备质量管理绩效评判的精确化程度较低,亟待加大研究力度。

2. 我军装备质量管理体系建设发展现状

1) 我军装备质量管理体系建设发展基本情况

装备全寿命质量管理是一项复杂的管理活动,涉及多个部门、多个层次、多个阶段。当前,我国装备全寿命质量管理,从组织体系来看,主要涉及装备采购主管部门、需求论证部门、装备承研承制单位、驻厂军事代表机构、装备试验鉴定单位、装备使用维修单位等多个部门;从法规政策来看,涉及装备质量管理的法律、法规、制度规范等多个层次;从管理内容来看,涉及立项论证、研制生产、试验鉴定、使用维修等多个阶段。

(1) 装备全寿命质量管理的相关部门。

图 1-5 为我军装备全寿命质量管理的组织体系。

(2) 装备全寿命质量管理的职责分工。

总部分管有关装备部门和军兵种装备部,组织制订、实施装备质量工作计划,建立健全军事代表质量监督工作体系。论证阶段,组织论证装备质量定性定量要求和验证要求,纳入装备立项综合论证报告。研制阶段,制定装备质量试验验证、定型考核和部队试用方案,纳入装备研制合同。生产阶段,组织质量验收,规范售后服务要求,并纳入装备采购合同。使用维修阶段,跟踪、解决装备质量问题,组织开展可靠性增长。

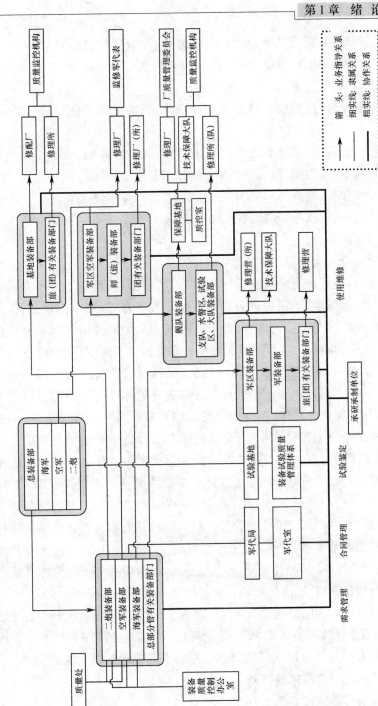

图 1-5 我军装备全寿命质量管理的组织体系

军事代表机构,负责装备研制、生产、修理、改装过程进行质量监督,对军工产品进行检验验收,对承制单位资格有效性实施日常监督,负责军队与承制单位的联络。

装备试验基地,按照装备试验大纲要求,组织实施试验任务,评价装备质量。

装备使用部队,确保武器装备的正确使用、维护和修理,形成装备质量问题快速协调、解决机制,提高装备使用维修质量。

承研承制单位,建立并有效运行质量管理体系,履行装备研制生产合同中确定的质量条款,承担相应的技术经济责任,负责装备交付部队后的售后服务。

(3) 装备全寿命质量管理的基本政策。

近年来,为提高武器装备质量建设水平,陆续出台、修订了一系列质量管理相关的条例条令、军用标准及规章制度。2005 年,按照系统优化、体现先进、补充空白、规范重点的原则,总部机关组织有关研究机构和军事代表系统对 1999 年颁布的 31 项系列《装备采购质量监督国家军用标准》进行了合并、修订和增补,制定形成了 23 项《装备采购质量监督国家军用系列标准》,并于 2006 年正式颁布。新的系列标准更好地体现了装备建设过程中新的法规要求、装备全系统、全寿命管理思想和现代质量管理理念,有利于提高新时期装备质量建设水平,促进装备采购工作适应社会主义市场经济要求,也有利于提高军事代表业务工作的科学化水平和装备承制单位的质量管理水平,将为装备采购与质量监督工作提供重要的法规性依据。2010 年 10 月,国务院、中央军委颁布了《武器装备质量管理条例》,该条例从论证质量管理,研制、生产与试验质量管理,维修质量管理,质量监督和法律责任等方面对武器装备质量管理做出了详细规定。该条例的施行,标志着我国武器装备质量管理及其法制化建设进入了一个新的发展时期,为加强武器装备质量的监督管理,提高武器装备质量水平提供了法律保证。同时,各军兵种也都制订了本部门的质量与可靠性法规及标准,如《海军武器装备质量监督一般规定》、《陆军装备 RMS 质量管理细则》、《地地战略导弹武器系统综合保障要求》等,初步形成了武器装备质量与可靠性法规和标准体系,质量工作逐步走上了规范化的道路。

相关法规标准结构如图 1-6 所示。

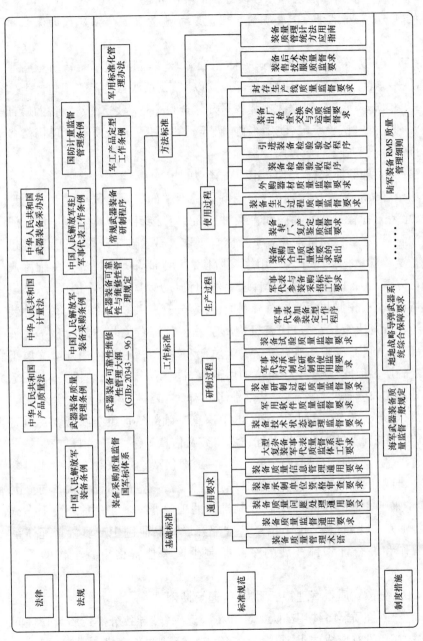

图 1-6 装备质量管理法规体系

2）我军装备质量管理体系建设存在的突出问题

问题一：多头、分散、分段质量管理是装备质量管理体系建设的深层次矛盾

多头、分散、分段质量管理这一体制性弊端，是制约我军装备质量管理效能的根本症结。1998 年，总装备部成立以来，我军武器装备管理整体上实现了"集中统一"领导，但就武器装备采办的全寿命过程来看，从装备的设计论证、研制生产、试验鉴定、使用维修、直至退役报废，装备质量管理仍然多头、分散、分段实施。

第一，管理职能部门众多，难以形成合力。

从全寿命质量管理过程来看，装备质量管理部门层次复杂。立项论证阶段，总装分管有关装备部门和军兵种装备部直接组织质量管理工作。研制生产阶段，军事代表机构开展质量监督工作。试验鉴定阶段，试验基地进行装备试验质量把关工作。使用维修阶段，基层部队负责装备使用维修质量。可以看出，各阶段装备质量管理工作的负责方均不在一个层面上，难以形成协调统一、齐抓共管的局面。例如，总装分管有关装备部门和军兵种装备部处在管理决策层，军事代表机构属于总装分管有关装备部门和军兵种装备部下层机构，试验基地直接隶属于总部和军兵种机关，使用部队又属于基础实施层。因此，缺少上述单位的协调执行层组织。从总装机关来看，综合计划部归口管理驻厂军代表共性业务工作，陆装科订部负责主管武器装备质量，以及驻厂军代表业务工作，电子信息基础部负责组织武器装备质量保证能力评定、质量与可靠性共同技术研究及信息工作。

这种多头管理容易导致如下问题：一是责任认定难。由于诸多部门参与其中，且从试验装备质量形成的时序过程来看，一些部门也多次参与。因此，就带来了一旦出现责任事故，互相推诿的现象严重。二是重复性工作造成资源浪费。比如，总装电子信息基础部开展军品研制生产质量管理体系认证工作和综合计划部开展的军品研制生产单位资格审查工作的重复问题。

第二，分散式质量管理特征明显，沟通反馈困难。

同类、同性质装备使用部队地域分布广泛，必然导致分散式质量管理问题。一方面，没有形成同类、同性质装备统筹管理的制度机制，缺少有效的信息共享。没有统一规范的质量检测制度及质量信息上报制度，造成数据

严重流失。在实际工作中,使用单位的质量管理和使用情况没有及时与设计、生产单位沟通。虽然在出现较大质量问题时使用单位也及时与设计、生产单位进行交流,有时信息交流不够充分,其相应的资料也很少进行存档处理。质量管理信息不能充分共享,经常导致同类问题在不同单位或不同设备、不同批次产品上发生,使武器装备的设计、生产质量不能得到持续改进。另一方面,没有建立起完善的质量信息管理系统,"分散"的信息难以"聚合"。一是缺少相应的质量管理信息系统;二是已有的信息系统还需进一步改进完善。例如,海军部队研发了"鱼水雷质量监控系统"、"海军舰船装备监测信息管理系统"、"海军电子装备质量信息系统"等多个质量管理信息系统,但这些系统均是单一阶段、个别装备的质量信息系统,支持全寿命过程质量信息传递的系统平台还有待研发,基于信息系统的装备质量管理能力生成模式还没有形成。

第三,分段、割裂式质量管理局面仍未得到根本性转变,容易构成信息壁垒。

从整体上来说,武器装备质量管理实现了"全系统、全寿命"管理。但是,这种全面质量管理的模式仍是不完善的。在装备质量形成的全过程中,从立项论证、研制生产、试验鉴定、使用维修直到退役报废,各阶段的质量管理处于分段割裂状态,段与段之间一方面缺乏组织设计上的继承性,信息传递速度慢,甚至会造成信息丢失。

问题二:质量管理要素不全,缺少一以贯之的质量管理执行组织

通过图1-3可以看到,首先,在顶层机关,缺少统一的质量宏观管理部门,难以形成有效的装备质量管理政策指南指导装备质量管理实践,容易进行重复性工作,造成资源浪费;其次,各军区、军兵种装备质量管理机构设置不一,有的有专门的质量管理部门,有的则分散到其他职能部门,一方面表明了装备质量管理机构设置上缺少顶层设计,另一方面从某种程度上也揭示了各单位对质量管理工作重视程度的差异;再次,在装备全寿命质量管理过程中,缺少一个全过程跟踪的质量管理执行组织。其实,在日常工作中每个人都能体会到,对一些复杂的跨职能流程,要想提高其工作效率,那么就要沿流程链组建一支负责任的团队。而目前装备质量管理流程就缺少这样一个团队。

问题三:"标准化、规范化"装备质量管理制度体系尚未形成

　　不同种类武器装备的质量管理由各军兵种分别负责,同一种类的武器装备,从立项论证、研制生产、试验鉴定、到使用维修质量管理又由不同的单位负责,因此,形成了多种形式的装备质量管理制度措施。其主要问题表现为:

　　第一,没有形成统一的质量管理制度标准。目前,各军兵种装备均有相应的质量管理制度、措施和方法,但还没有指导装备质量管理的统一的制度模式。因此,容易导致装备质量管理的随机性、偶发性事件发生,难以达到管理的"标准化"和"正规化"。

　　第二,已形成制度机制的执行过程,程序化、文本化、可追溯性的监督体系还没有建立,依靠各级各类人员的业务能力来维系的局面还没有完全打破。

　　问题四:装备"全系统、全寿命"质量管理法规仍不完备

　　法律法规是处理装备质量管理问题的根本遵循。装备质量管理法律法规建设方面的突出问题主要包括:一方面,还没有形成能够统一规范装备全寿命各个阶段质量管理工作的法规体系;另一方面,同一层次法律法规间的耦合性较差,容易出现责任追究盲区。

　　问题五:装备质量管理人才队伍建设水平亟待提高

　　人才是装备质量管理体系建设的主体。从当前全军装备质量管理人才队伍建设情况看,一是缺少具备一定质量管理专业知识、能够全程参与装备采购项目的质量管理人才队伍;二是还没有形成一支既懂质量管理又懂试验技术专职质管员队伍,还缺少一批素质过硬的兼职质管员和内审员;三是还没有形成一支结构合理、层次分明、技术优良的装备维修专业队伍。

1.3.3　总体评述——武器装备质量管理体系一体化建设模式提出

1. 国外装备质量管理体系建设研究与发展的共同特征

（1）装备全系统、全寿命质量管理研究和实践已成为世界各国的普遍做法。

　　通过对美、英等世界军事强国装备质量管理体系建设研究和发展情况综述,我们不难发现,装备全系统、全寿命质量管理理论与方法是装备质量管理领域研究的热点问题。对于世界各国而言,装备质量管理体系经过调整、改革与完善,无论是组织构成,还是机制建设,都更加充分地体现着全系统、全寿命质量管理这一核心思想。

（2）装备质量管理集成化特性凸显。

强化系统管理并向集成管理转变，是信息技术发展和管理理论创新的必然要求。世界各国装备质量管理的发展过程亦是如此[63,64]。并且这种集成化管理特征以"功能集成"尤为突出。例如，美军的武器装备质量计划、质量问题责任追究、全过程质量监督、试验与鉴定均体现武器装备全寿命周期一体化、集成化质量管理模式。再如，英军负责项目管理的一体化项目小组组长根据项目的大小或风险情况等在必要时可建立一个质量保证小组（QAG），任命该小组某一成员作为项目质量保证官（PQAO），全面负责质量管理工作，可以说完全将质量管理工作集成到一个体系范畴之中。

（3）日趋形成多方参与，矩阵式装备质量管理组织结构。

美、英军的装备质量管理模式表明，第一，多方参与全寿命周期装备质量建设是各国构建质量管理组织体系的共同选择。第二，从人员专业构成角度来讲，涵盖了由来自作战部队、装备采购各业务部门、承研承制部门等组成的矩阵式质量管理组织体系。这种组织结构的优越性在于有利于广泛汲取各方意见、建议；有利于使作战部队工作前伸至装备论证、生产阶段，使装备采购业务部门后延至服务保障阶段；有利于协调各个部门为装备质量建设齐抓共管。

2. 我军装备质量管理体系建设研究与发展需求

（1）着眼实现全系统、全寿命质量管理思想。

全系统、全寿命质量管理思想是符合信息化条件下装备建设与发展的质量管理理念。世界各军事强国均把这一理念植入到装备质量管理的法律法规、组织结构、运行机制的设计之中。谁能够把全系统、全寿命质量管理思想恰到好处地运用于装备质量管理实践，可以说谁就赢得了高质量的武器装备。因此，我们构建有我军特色的装备质量体系，在法律法规、组织结构、运行机制的设计之中，必须全面嵌入全系统、全寿命质量管理思想。

（2）着眼建立多方参与的集成式装备质量管理体系。

多方参与、集成化装备质量管理体系是世界各军事强国普遍采用的管理模式。区别在于根据各国装备采办管理具体实际，建立有本国特色的组织体制和运行机制。因此，在我军装备由机械化向机械化、信息化复合发展的关键时期，如何针对装备质量建设现状，建立有中国特色的装备质量管理体系，对提高我军装备建设质量和效益意义十分重要。

（3）着眼基于新理论、新视角、新技术、新方法创新质量管理能力生成模式。

有观点认为，质量管理将成为装备采办工作的核心。作者认为这符合装备采办工作的本质要求，其工作方式将以质量为核心，并通过协调机制向其他业务管理辐射，可谓"以质量保成功，以质量促进度，以质量求效益"。那么，如何提高质量管理水平，作者认为基于新的理论，从崭新的视角出发，运用新的技术，着重加强质量管理能力生成模式的创新是一条重要的路径选择。

综上所述，基于以下需求：第一，在理论上，是深化、拓展装备全面质量管理理论研究的需要；第二，在应用上，是适应装备建设发展、解决装备质量管理现存问题的需要；第三，国外装备全面质量管理模式的成功实践。

1.4　基　本　概　念

1.4.1　质量

质量的含义随着生产力的发展而不断地深化，从符合技术规格的"符合性质量"到适合顾客使用的"适用性质量"，从单纯经久耐用的"理所当然质量"到内涵丰富的"富有魅力质量"，足以表明质量含义的不断丰富与发展。下面就几个有代表性的定义进行说明。

克劳斯比[65]认为，质量就是符合要求，"要求"必须被明确地表达，然后不停地加以测量，以确保符合这些要求，凡有不符合的地方，就表明缺乏质量。

朱兰博士[66]从用户使用要求的角度，提出了质量就是适用性的概念。他认为适用性是"产品在使用时能成功地满足用户需要的程度"。

2000 版 ISO 9000 标准把质量定义为，一组固有特性满足要求的程度[67]。

几点理解：一是质量的内涵实现了由"符合性"向"适用性"的转变，换句话说，产品的质量不仅仅由一组固定的特性要求来衡量，而是取决于顾客的满意度。这样也就带来一个复杂性的问题，就是说质量的衡量标准由"可度量的确定性"转向了"顾客感知的不确定性"。二是质量的关注焦点不再是生产阶段，而是设计、制造、维修服务全过程，换句话说，质量不仅仅局限在生产现场，而且是全体公民共同关注的问题。

1.4.2 质量管理

与质量概念一样,对质量管理概念也有不同的认识与理解,如表 1-4 所列。

表 1-4 质量管理的概念

提出者	具体内容
费根堡姆 (美国)	考虑到要使消费者完全满意,而在最经济的水平上进行生产,提供服务,企业各部门在质量开发、保持及改善上所做努力的有效体系
石川馨 (日本)	有关经营的一种新的想法和看法,是开发、设计、生产、销售、服务最经济的、最有用的,而且购买者满意的产品。为了达到这个目的,整个企业都要同心协力建立一个适合各部门共同努力的组织,进行标准化,并且确实使之实行
ISO 9000 标准 (2000 版)	在质量方面指挥和控制组织的协调活动。通常包括制定质量方针和质量目标,以及质量保证和质量改进

几点理解:一是概念的表述虽然繁简不一,但却把质量管理作为一种有效运行的体系,作为系统论、控制论、信息论、标准化等方法的集合;二是不同学派的质量经营思想、质量管理做法可能不尽相同,但是,质量管理的最终目标是完全一致的,即提高产品质量,使消费者满意。

1.4.3 装备质量管理

对于装备质量管理,《中国人民解放军装备工作名词术语释义》是这样定义的:在装备质量的形成、保持和恢复的全寿命过程中所进行的计划、组织、指挥和协调活动[68]。质量的形成过程包括武器装备以及用于武器装备的产品的论证、研制、生产、试验等过程;质量的保持过程包括武器装备以及用于武器装备的产品的运输、储存和使用过程;质量恢复过程包括武器装备以及用于武器装备的产品的维修和技术服务过程。

本书认为,装备质量管理包含两层含义:一是对装备质量形成过程管理活动的规范;二是进行阶段性、环节性质量把关。

1.4.4 装备质量管理体系

1. 体系

体系被称为系统中的系统(System of system,SoS),是目前大多数大规模集成体普遍存在的问题。《现代汉语词典》对"体系"解释为"若干有关事物或某些意识互相联系而构成的一个整体"。《苏联百科辞典》的解释为"体系是互相联系、互相关联着而构成一个整体的诸元素的集,分为物质体系和抽象体系"。2005 年美参联会主席在《Joint Capabilities Integration and Development System, JCIDS》中给出了体系的定义为:"体系是互相依赖的系统的集成,这些系统的关联与链接以提供一个既定的能力需求。去掉组成体系的任何一个系统,将会在很大程度上影响体系整体的效能或能力[69]"。

综合来看,体系具备以下特征:一是独立性,即分系统能够独立有效运作;二是涌现性,即整体功能大于个体功能之和;三是分布性,即分系统在地理上广泛分布;四是关联性,即组织系统的独立行为是存在相互影响和关系的。

2. 装备质量管理体系

《军语》中这样定义装备质量管理体系,即由装备质量管理的组织机构、规章制度、运行机制及技术手段等构成的有机整体[70]。

1.4.5　武器装备一体化质量管理体系

1. 一体化

"一体化"是随着信息时代的产生和发展而日益成熟定型的标志性概念。20 世纪 20 年代,欧洲政治学家开始使用"一体化"的概念。1933 年德国经济学家使用了"经济一体化"的概念,哈伯特和盖特发表了《欧洲的生产—经济一体化:一项关于欧洲国家对外贸易关联性的考察》报告。1954 年荷兰学者简·丁伯根提出"国际经济一体化"的概念。20 世纪 70 年代以后,信息技术、尤其是网络技术的发展使世界的联系日益紧密,以至于逐渐成为一个"村落",生产方式也由大规模集中式的机械化生产,发展成为形态上广域分布、内容上高度聚合的大生产。在此情况下,一体化思想日益渗透到经济、政治、社会、军事的各个领域和方面[71]。在我国军事研究领域,一体化(联合)作战、一体化装备保障、军民一体化、一体化竞争性采购等有关一体化的概念相继提出,并被赋予了特定的内涵。

何谓一体化?美国国际问题专家卡尔·多伊认为,一体化通常意味着由部分组成整体,即将原来相互分离的单位转变成为一个紧密关联的复合体。本书认为,所谓一体化,就是将彼此相互联系的一系列相关要素、单元或子系统,按照组织策划要求进行有机结合、系统集成和统一规划,以满足既定需求的一种思想方法和科学理念。其实质就在于将各种要素或资源通过链接、融合形成一个有机整体,实现功能的最大化。

2. 武器装备一体化质量管理体系的内涵界定

所谓武器装备一体化质量管理体系,本书首先认为,这是对武器装备质量管理体系建设目标结果的总称。

那么,如何科学准确地揭示武器装备一体化质量管理体系的基本内涵,本书认为,必须从基于理论和实践创新的角度出发,并着重考虑以下两个方面:

一方面,武器装备一体化质量管理体系的内涵要科学准确地反映其本质属性及特征。一是装备质量管理资源和要素的配置应体现集成性,即对其组织体系建设方式提出了新的要求;二是装备质量管理体系内、外部环境信息应体现共享性,即要求质量管理必须以一体化的信息平台为物质基础;三是装备质量管理体系应体现自组织性和自适应性,即要求装备质量形成全寿命过程管理的有机联系与动态优化。

另一方面,武器装备一体化质量管理体系的内涵要紧紧抓住现行装备质量管理体系面临的突出矛盾,反映其创新构想。一是能够有效解决多头、分散、分段质量管理的弊端;二是能够切实改进装备质量管理方法,创新装备质量管理机制,推进现行管理机制常态化运行。

因此,本书认为,武器装备一体化质量管理体系的基本内涵是:科学运用装备质量管理资源和要素,通过综合集成、系统优化、平台建设,实现装备质量形成、保持和恢复全寿命过程的有机链接,确保装备质量管理集中统一、协调高效,建立的新型装备质量管理组织和运行系统。

理解这一概括,应进一步把握如下几点:

第一,武器装备一体化质量管理体系中的"装备"是武器装备的简称,主要是指主战装备、保障装备和保障系统等。

第二,武器装备一体化质量管理体系,并非是 ISO9000 所指的系列文件框架规范,而是从武器装备质量建设的内在要求出发,为确保装备质量管理活动的高效执行,建立的组织制度和运行机制,其在装备质量形成、发挥、恢复的全寿命过程中发挥着管理主导作用。

第三,所谓一体化,是对装备质量管理体系内部关系的进一步描述,是装备质量管理体系建设的目标模式,更加强调装备质量管理体系组织运行的协调有序,更加强调装备质量管理全寿命过程各阶段的有机衔接,更加强调装备质量管理要素的深度融合。这与军民一体化装备维修保障体系中的"一体化"有着本质区别,本书强调装备质量管理流程一体,在流程中重视要素的参与、协调和沟通。

第四,应厘清武器装备一体化质量管理体系与美、英军的一体化项目小组的区别与联系,即项目管理包括质量管理的内容,质量管理体系的建设也脱离不开项目管理范畴束缚。

1.5　研究范畴和研究方法

1.5.1　研究范畴

武器装备质量管理体系一体化建设研究,是一项复杂的系统工程。依据"武器装备一体化质量管理体系"内涵的界定,本书的研究范围主要涉及:

一是关于"装备"的范畴。本书所提及的"装备",是武器装备的简称,一般是指具有一定寿命周期过程的主战装备、保障装备和保障系统。对于具体部(组)件等的质量管理问题,直接运用具体的管理机制或手段,对其购置环节进行准入控制即可,这并不是本书的研究重点。

二是关于"一体化"的范畴。目前,关于一体化的提法很多,涉及的内涵也较为丰富。本书是从军方自身质量控制的角度提出解决装备质量管理问题的理论与方法,其"一体化"更加强调军方质量管理组织一体、要素融合、过程链接,体现装备质量形成过程的有效衔接,体现装备质量管理主体的融合式管理。

三是关于"体系"的范畴。作者认为,装备质量管理体系一体化,是对现行装备质量管理组织体制和制度机制的优化重组。因此,全书着重从组织结构、计划方式、运行机制三个方面阐释武器装备质量管理体系一体化建设问题。关于法律法规问题,从某种意义上讲,也可以作为体系建设的内容之一。但是,本书认为,它是体系运转的基础和保证,较组织机构和运行机制来说,处于更高层面,加之研究篇幅有限,因此,法律法规的构建问题不作为本书的研究范畴。

1.5.2 研究方法

1. 比较分析方法

比较分析方法是指确定客观对象及其过程共同点和差异点的方法。本书通过对比分析国内外装备质量管理体系研究及发展现状,总结提出我军装备质量管理体系建设发展趋势,牵引了武器装备质量管理体系一体化建设问题的提出。

2. 系统分析方法

系统分析方法是指运用系统论观点,把研究对象放在系统中加以考察的方法,这是本书运用的核心方法。无论是对装备质量管理体系的系统分析,还是对体系建设构想的全盘考虑,均需以系统分析方法为指导来展开完成。

3. 定性与定量相结合研究方法

定性分析是为了确立复杂系统问题对象的性质或类型,解决复杂系统问题的实质是什么,即质的规定性。定量分析是为了确定对复杂系统问题对象的规模、速度、范围、程度等数量关系,解决复杂系统问题对象"是多大"、"有多少"等问题,即量的规定性。本书对装备质量管理计划、装备质量管理体系有效性评价等问题运用定性和定量相结合的研究方法,解决了以往定性计划在量的规定性上的不足,提供了体系建设有效性的定量化评价方法,对提高装备质量管理体系建设水平具有重要意义。

4. 案例研究方法

案例研究方法,是一种运用历史数据、档案材料、访谈等方法收集数据,运用可靠技术对一个事件进行分析而得出带有普遍性结论的研究方法。本书运用案例研究方法,对装备质量管理体系有效性进行案例分析,结果表明了体系有效性评价方法的可用性。

1.6 研究内容和结构安排

1.6.1 研究内容

本书共分 8 章,其内容安排如下:

第 1 章 绪论 阐述本书研究的背景及其重要意义,综述国内外装备质量管理体系建设研究与发展现状,分析提出新形势下装备质量管理体系建设需求,界定装备质量管理体系一体化的内涵与外延,介绍本书的研究范围、研究方法、主要内容和框架结构安排。

第2章　武器装备质量管理体系一体化建设系统分析　从要素、结构、功能、运行和环境等五个方面对武器装备质量管理体系一体化建设进行全面分析,为深刻把握武器装备质量管理体系一体化建设内涵奠定理论基础。

第3章　武器装备质量管理体系一体化建设总体构想　从指导思想、基本原则、建设目标、建设内容等四个方面,全面构建武器装备质量管理体系一体化建设的总体方案设想。

第4章　武器装备质量管理体系一体化建设——组织结构设计　依据组织设计理论,分析新形势下装备质量管理体系组织结构特性,从基本原则、职能分析、结构形式、主要职责、工作关系五个方面,研究设计武器装备质量管理体系一体化建设的组织结构框架,提出武器装备质量管理体系一体化建设组织平台和组织文化建设的思路与途径。

第5章　武器装备质量管理体系一体化建设——运行机制设计　依据武器装备质量管理体系一体化建设的运行机理和管理机制设计理论,分析武器装备质量管理体系一体化建设的运行机制构成,从综合协调机制、过程监督机制、评价反馈机制、激励约束机制四个方面提出运行机制的构建方法。

第6章　武器装备质量管理体系一体化建设——计划方法设计　界定武器装备一体化质量管理计划的基本概念,设计武器装备一体化质量管理计划的概念模型,给出武器装备一体化质量管理计划的制定方法。

第7章　武器装备质量管理体系一体化建设有效性评价　分析武器装备质量管理体系一体化建设有效性的内涵,确定体系建设有效性评价的标准,设计体系建设有效性评价指标体系,提出体系建设有效性评价方法,通过案例分析,验证评价方法的适用性。

第8章　推进武器装备质量管理体系一体化建设的系统思考　在系统研究武器装备质量管理体系一体化建设内容方法基础上,综合提出推进武器装备质量管理体系一体化建设的对策建议。

1.6.2　结构安排

全书的框架结构如图1-7所示。

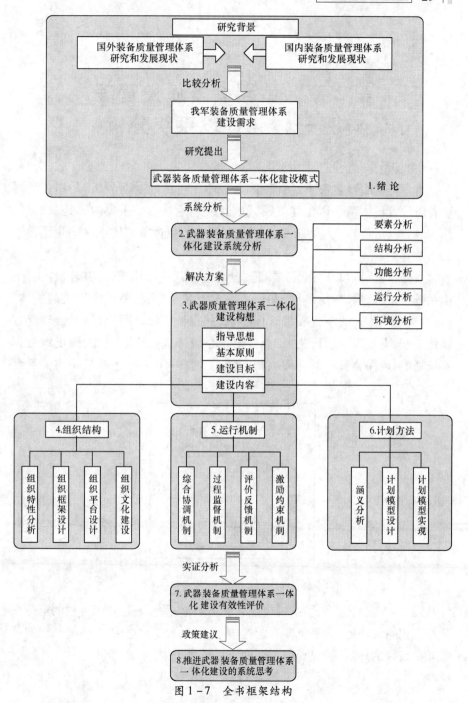

图 1-7 全书框架结构

第2章 武器装备质量管理
体系一体化建设系统分析

本章是对武器装备质量管理体系一体化建设的全面分析,是构建武器装备质量管理体系一体化建设模式的重要理论基础。主要内容是从要素、结构、功能、运行和环境等五个方面对武器装备质量管理体系一体化建设进行系统解读。

依据系统科学原理,武器装备质量管理体系一体化建设,其建设内容是由系统要素、结构、功能、运行和环境五个子系统构成,是一个有机的整体。因此,构建一体式的装备质量管理体系,只有科学设计系统结构,合理配置系统要素,有效理顺运行关系,充分辨识系统环境,才能够最大限度地发挥系统功能,确保装备质量管理顺畅、高效。图2-1为各子系统间的关系示意图。

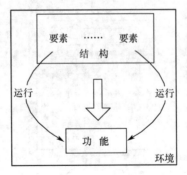

图2-1 子系统关系图

图2-1表明:①系统结构决定系统功能;②系统要素基于有效的运行渠道发挥出系统功能;③系统要素配置于系统结构之中;④系统环境是影响系统功能发挥的外部因素总和。

2.1　要素分析

要素是系统的基本单元,是系统存在的基础。要素的构成方式是多样的,例如,影响产品质量要素,通常包括人、机、料、法、检、环六个方面("5M1E")。然而,从管理系统的角度出发,作者认为,一体式的装备质量管理体系的要素应由如下五个方面构成,包括主体、对象、目标、规则和方法,即主体在目标的牵引下,在规则的约束下,采取各种方法手段,就对象实施有效的作用。

2.1.1　主体

主体,是指从事装备质量管理活动的人或机构。主要包括:装备主管部门、军事代表机构、装备论证部门、装备承研承制单位、装备试验部门、装备使用部门、政府部门以及相关咨询机构等。这些部门参与到装备质量形成的全寿命过程之中,负责质量管理工作,具体如图 2 - 2 ~ 图 2 - 5 所示①②③④⑤⑥⑦(黑实线表示主要参与者)。

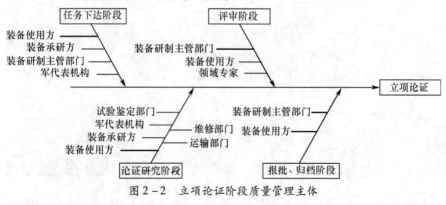

图 2 - 2　立项论证阶段质量管理主体

---

① 参见《武器装备质量管理条例》,2010 - 11 - 1。
② 参见 GJB 3885A—2006 装备研制过程质量监督要求。
③ 参见《常规武器装备研制程序》,1995。
④ 参见 GJB 5710—2006 装备生产过程质量监督要求。
⑤ 参见 GJB 5712—2006 装备试验质量监督要求。
⑥ 参见 GJB 3887A—2006 军事代表参加装备定型工作程序。
⑦ 参见 GJB 5707—2006 装备售后技术服务质量监督要求。

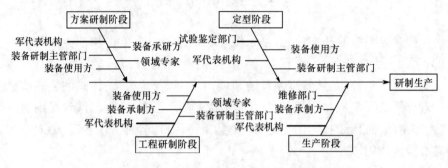

图 2-3　研制生产阶段质量管理主体

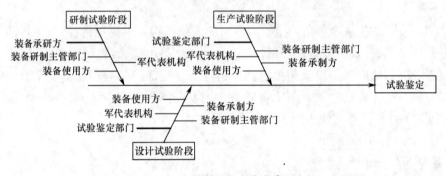

图 2-4　试验鉴定阶段质量管理主体

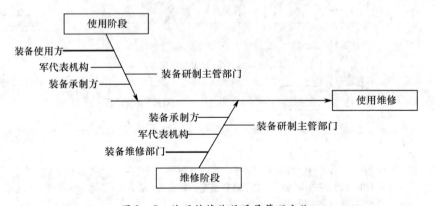

图 2-5　使用维修阶段质量管理主体

　　装备质量管理体系,其管理主体要实现多方参与、齐抓共管的局面,必须有一个跨职能的流程团队将其组织起来,这也就是武器装备质量管理体系一体化建设在组织设计上必须解决的关键问题,也是武器装备一体化质量管理组织结构重要特征。如何构建这一跨职能的流程团队,这将在本书第4章中具体研究解决。

2.1.2　对象

对象,是指装备质量管理的实体,即可以单独进行描述和考虑的事物,包括装备、活动、过程、组织、人及其组合等。表2-1为重要关节点的装备质量管理对象。

表2-1　装备质量管理对象

关节点	对象	要求
论证阶段	《武器系统研制总要求》	完整性、正确性、先进性、合理性、可行性
方案研制阶段	《研制任务书》	
工程研制阶段	初样、正样试验	达到《研制任务书》和研制合同要求
设计定型	设计定型试验	
生产定型	生产定型试验	
使用维修阶段	装备技术服务	协调、顺畅、高效

2.1.3　目标

目标,是指为获取优质、高效的武器装备,在装备质量管理方面所必须达到的要求,是装备质量管理发挥最大效能的牵引器。在武器装备一体化质量管理体系中,全寿命周期的不同阶段应建立总体目标,各个阶段的关键环节应建立分目标,以保证装备质量管理全过程目的明确,这将在本书第3章中进行详细探讨。

2.1.4　规则

规则,是指装备质量管理的依据或准则,包括国家有关质量的法律,政府和军队有关质量的法规、制度、标准、合同、契约等。例如,《中华人民共和国产品质量法》、《中华人民共和国计量法》、《中国人民解放军装备条例》、《中国人民解放军装备采购条例》、《中国人民解放军武器装备管理条例》、

《武器装备质量管理条例》、国家军用标准及有关制度措施等。武器装备一体化质量管理体系的规则，就是要形成能够统一规范装备全寿命各个阶段质量管理工作的法规体系。

2.1.5　方法

方法，是指装备质量管理的方式、手段和技术措施等，是提高装备质量管理水平的根本保证。作者认为，武器装备一体化质量管理的方法应是定性与定量相结合的，所谓定性的方法，例如，基于过程的质量管理方法、机制性方法、策略性方法等；所谓定量的方法，例如，基于统计数据的质量监管方法、系统工程方法、质量功能展开方法、质量链方法等。

2.2　结构分析

结构是系统要素相互作用、相互联系的方式。著名管理学大师圣吉·彼得说："结构影响行为[72]"。这充分表明了结构设计上的原因是构成管理不畅的先天症结，是根本性的内因。武器装备一体化质量管理体系是一个有机的系统，而非是简单的整体，其本质的区别在于其内部结构的耦合性。因此，武器装备一体化质量管理体系的组织结构应具备如下特征。

2.2.1　系统性

武器装备一体化质量管理体系组织结构设计，涉及全寿命各个阶段的质量管理组织构成、职能划分及相互关系；涉及质量管理每个阶段决策机构、管理机构及执行机构的层次划分；涉及不同阶段、不同层次之间如何有效沟通，形成合力。因此，武器装备一体化质量管理，应更加强调组织结构的纵向畅通、横向联合，管理要素的内外互动，装备质量管理各项活动表现出较强的时序性和协同性，实现装备质量的形成、发挥、保持和恢复全寿命过程的有序协调、无缝链接。

2.2.2　适应性

武器装备一体化质量管理体系组织结构设计，受多种因素的综合影响和制约，要适应我军武器装备建设面临的新形势；要适应信息时代、网络时代对装备管理体制提出的新要求;要适应我军装备质量建设呈现出的新特点;要适应现代组织设计理论提出的新思想。

2.2.3 创新性

我军武器装备发展规模、管理体制及技术构成均与美、英军存在较大差异,照抄照搬其装备质量管理组织模式,不符合我国国情、军情。现代组织设计理论表明,虚拟团队、动态联盟、战略联盟模式将成为组织结构设计方式的发展趋势。因此,一定要从我军武器装备管理实际出发,充分汲取先进组织设计理念,大胆创新,积极探索具有我军特色的装备质量管理组织结构设计方式。

2.3 功能分析

功能是系统表现出的特性与能力,是通过系统要素之间的物质、信息和能量的交换显示出来的。武器装备一体化质量管理体系,是装备质量管理体制机制系统,其实现的功能目标是保障获取高质量的武器装备及其服务。实际上讲,这与一般意义上的装备质量管理体系的功能没有显著差别。但是,武器装备一体化质量管理体系的优越性在于其功能目标的实现程度。例如,从时间进程来看,在寿命周期的各个阶段、每个阶段的关键环节,是否设置有效的功能结构;从功能发挥的主体来看,是否在上述环节合理赋予机构或者个人功能权力;从促进功能发挥的方法来看,是否运用科学、先进的手段措施,这些都将影响功能的有效发挥。依据《武器装备质量管理条例》第一章第三条,本书认为武器装备一体化质量管理体系应实现两大功能,即质量控制和质量监督功能。图2-6为武器装备一体化质量管理体系功能分析示意图。

2.3.1 控制功能

武器装备质量特性的形成、保持和恢复过程中的质量控制,是质量管理的一部分,包括武器装备以及用于武器装备的产品的承担单位致力于满足质量要求的所有活动。本书仅从军方主导的角度,提出装备质量控制的功能,具体体现为计划功能、组织功能和协调功能。所谓计划功能,包括制订

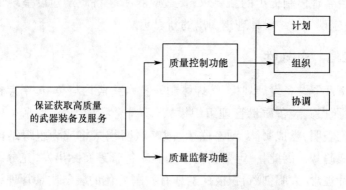

图2-6　武器装备一体化质量管理体系功能分析

项目质量管理综合集成计划和阶段集成计划,制订质量控制目标。所谓组织功能,包括:①根据项目发展不同阶段的需要,组建质量管理团队,配备质量管理所需人员,开展有效的质量控制活动。②组织有关单位和人员完成一些需由甲方完成而质量管理团队又无力单独承担的业务工作;所谓协调功能,是指为提高装备质量管理效能搭建的沟通渠道,确保装备质量管理体系运行高效。

2.3.2　监督功能

质量监督是武器装备以及用于武器装备的产品的顾客或顾客代表或顾客委托机构,依据规定的质量要求,针对承研、承制、承修单位的相关质量管理体系、过程、产品进行质量活动监视、质量特性验证、分析和督促其实施质量改进的活动。

2.4　运行分析

运行,是系统功能的实现方式和方法。武器装备一体化质量管理体系的运行,从纵向上看,是装备立项论证、研制生产、试验鉴定、使用保障质量管理活动在动态上的协调统一;从横向上看,是装备质量管理构成要素(需求主体、供给主体、运行平台、管理主体)之间相互联系、相互作用的过程;从宏观上看,是保持装备质量建设目标与装备质量形成实践相对一致的控制过程。因此,武器装备一体化质量管理体系的运行应突出体现如下特性：

（1）目标牵引特性。

装备质量管理过程,涉及装备建设全寿命周期。任何一项质量管理活动,判断其运行绩效的根本标准是实现目标的程度。因此,科学辨识装备质量管理关键环节,切实提出重要关节点的质量管理目标,有效控制与消除质量管理实践和质量管理目标的偏差,对于提高装备质量管理运行效率具有重要价值。

（2）计划主导特性。

装备质量管理体系的运行过程,就是装备质量管理活动的实施过程。在装备质量形成的全过程,开展装备质量管理活动,实现装备质量管理目标,涉及诸多装备质量管理要素的优化配置,必须坚持计划主导原则,全面统筹装备质量管理活动。

（3）动态优化特性。

装备质量管理活动的实施,一是以目标为牵引,执行装备质量管理计划过程;二是与外部环境交流沟通过程。所谓动态优化,就是在执行计划过程中,实时通过构建激励、评价、问责、反馈运行机制,通过构建与外部的交流沟通机制,促进装备质量管理过程趋于科学、高效。

2.4.1 动力机制

动力机制,是推动装备质量管理体系动态优化、高效运行的力量源泉,是保证组织管理高效化的核心环节。推动武器装备一体化质量管理体系运转的动力因素包括文化动力、组织动力、制度动力和环境动力等。

1. 文化动力

文化是促进装备质量管理体系发展的思维理念,集中反映了管理主体的共同价值取向,是对装备质量管理体系的引导力和规范力。武器装备一体化质量管理体系的价值观是以"全系统、全寿命"质量管理理念为指导,坚持"系统权变"的质量观,树立"全员参与"的质量管理意识,贯彻"持续改进"的质量形成要求,确保"部队满意"的装备使用质量及服务。装备质量文化,实质上是一种软性的管理方式,它从感性因素出发,调动质量管理团队的积极性和主动性,质量文化产生的凝聚力,是促进武器装备一体化质量管理体系高效运行的根本保障。

2. 组织动力

组织构成方式是装备质量管理体系运行的内源动力。一方面,武器装备一体化质量管理体系的组织结构,以实现装备质量管理全寿命各阶段的有机链接为目标,从本质上增强了组织间的协调力,促进了装备质量管理信息流、物质流的有序流动。另一方面,通过组织结构赋予团队或个人的功能权力,来解决组织内部冲突,提高组织凝聚力。

3. 制度动力

任何制度都要适应一定技术特征下的生产力水平,武器装备一体化质量管理必然要求与之相适应的制度机制来推动。本书所指的制度是系统运行的机制和法规(法律规范不作为本书的研究范畴)。本书认为,这是装备质量管理体系运行的核心动力,主要包括综合协调机制、过程控制机制、评价反馈机制、激励约束机制等。

4. 环境动力

武器装备一体化质量管理体系的组织模式和运行方式必然受到国家经济政策、装备管理体制、国防工业体制等外部环境因素的影响。例如,军工产品的市场垄断形势依然严峻,竞争机制的建立必然受到制约。因此,立足于而又不局限于现行政策、体制和法律,谋求装备质量管理体制、机制运行的新的增长点,对于提高装备质量管理水平具有重要推动作用。

2.4.2　运行机理

武器装备一体化质量管理要素,基于其体系架构,在动力机制的组合作用下,形成三大基本回路,支撑其高效运行,深刻揭示其运行的特点和规律。

1. 过程管理回路

武器装备一体化质量管理体系的运行特性表现为目标牵引、计划主导、动态优化,这也就决定其必然是目标引导下的闭环反馈式运行方式。因此,武器装备一体化质量管理体系运行的目标模式应是基于过程管理的动态优化回路,其基本样式如图2-7所示。此回路贯穿于各项装备质量管理活动之中,规定了装备质量管理活动的运行路线。

2. 人的行为回路

人是系统运行的主体,在每条过程管理回路中,无论是制定目标,还是

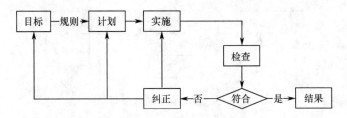

图 2-7 过程管理动态循环图

安排计划或执行管理,一切运行绩效的发挥都依赖于有效的人员行为。图 2-8 为人的行为动态循环图。

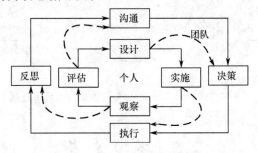

图 2-8 人的行为动态循环图

该图表明无论个人或团队活动,都要形成闭合、反馈回路,加强沟通与协调,注重提高团队工作的整体效益。实质上来说,人的行为回路是嵌入在过程管理回路之中的,是提高过程管理能力的内在支撑。

3. 信息管理回路

装备质量管理信息客观反映了装备质量动态。信息的"高速、闭环"流动,是提高装备质量管理效能的重要基础。实质上,信息是装备质量管理的最基层要素,过程管理、人员行为都依赖于信息的支持,因此,信息的流动方式决定了系统运行的效率。武器装备一体化质量管理体系的信息流动方式首先是全闭环,其次是实现"网络关联式"联结[73],以确保其流动速度,其基本样式如图 2-9 所示。

综上所述,武器装备一体化质量管理体系内部,物质流、意识流、信息流沿其特定回路高速运转、交互作用、实时优化,反映了系统要素的基本运行痕迹,揭示了系统运行的实质。图 2-10 为武器装备一体化质量管理体系运行模式的示意图。

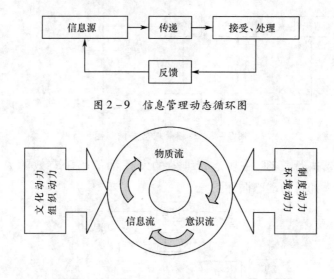

图 2-9　信息管理动态循环图

图 2-10　武器装备一体化质量管理体系的运行模式

2.5　环境分析

　　环境,是存在于系统边界外的物质的、经济的、信息的和人际的相关因素的总称[74]。从总体上讲,装备质量管理体系的建设环境包括三类:一是物理和技术环境;二是经济和管理环境;三是社会环境。对于武器装备一体化质量管理体系而言,外部环境是其建设的现实基础,既有积极的或促进的因素,也有消极的或制约的因素,既有客观的因素,也有主观认识的因素,主要涉及装备管理体制、科技发展水平、装备发展水平、装备质量建设方针政策、国防工业体制、外军装备质量管理模式和经济、文化因素等。这些因素虽然不是处在同一层次,但它们从不同角度对装备质量管理体系建设和发展共同起着影响和作用。

2.5.1　装备管理体制

　　装备质量管理的组织结构、运行方式、法规制度等诸多方面都受装备管理体制的影响和制约,装备质量管理体系的建立必须以装备管理体制为基础。从构成上看,装备质量管理的组织结构应与装备管理的组织形式相适应。一方面,要创新改革,适应武器装备质量建设的发展需要;另一方面,不能脱离现实的编制体制谈创新,否则不具备建设的可行性。从运行上看,装备质量管理系统作为装备管理系统的一个子系统,其运行过程依赖于装备管理这个大系统。因此,研究创建武器装备一体化质量管理体系,既要主动适应装备管理体制,并与之一致;还要与装备管理体制的发展趋势相适应,促进装备管理体制的深化改革。

2.5.2　科技发展水平

马克思主义认为,军事技术的进步必然导致军事组织体制的变革:"随着新作战工具即射击火器的发明,军队的整个内部组织就必然改变了,各个人借以组成军队并能作为军队行动的那些关系就改变了,各个军队相互间的关系也发生了变化。"[①]

信息技术、计算机技术的蓬勃发展,促使武器装备现代化水平显著提升,一方面,对装备质量管理能力提出了严峻挑战;另一方面,也为创新装备质量管理组织结构及其运行方式提供了技术支持。可以说,科学技术发展水平是推动体制发展和进步的直接动力。对于武器装备一体化质量管理体系而言,实现其管理要素的有机融合、组织结构的扁平化和无缝式、运行机制的高效顺畅,均源于科学技术的有力支撑。

2.5.3　装备发展水平

武器装备的发展水平,直接影响装备质量管理的基本理念和组织模式。信息化武器装备系统,其质量特性、生命周期、产品层次、管理主体趋于多元化和复杂化,要求质量管理更加注重各质量特性的优化,更加注重质量形成、保持和恢复各环节的均衡,更加注重装备体系和各产品层次的协调,更加注重各质量管理主体的协同。因此,这也为武器装备一体化质量管理体系的创建开辟了道路。

2.5.4　国防工业体制

我国主战装备的研制生产主要集中在国防工业部门,装备质量形成的

---

① 《马克思恩格斯选集》第1卷,人民出版社1972年版,第363页。

全过程离不开国防工业部门的参与。尤其是研制生产阶段,军事代表质量管理运行模式必须与国防工业部门组织形式相适应。

2.5.5　装备质量建设方针政策

党的三代领导核心和胡主席、习主席,从战略全局的高度,对装备质量建设做出了一系列重要论述,是装备质量建设的重要指导方针。毛泽东同志指出,要把质量提到第一位。邓小平同志指出,质量不行,是要死人的;产品质量百分之九十九点九不行,必须百分之百。江泽民同志指出,要科学管理,坚持质量进度的统一,质量要天天讲,一刻也不能放松。胡主席指出,武器装备质量,是关系官兵生命、关系战争胜负的大问题;保质量就是保安全、保战斗力、保胜利;要牢固树立质量第一、质量至上的思想,不能有一丝一毫的含糊;要把握好装备的技术先进性与性能稳定性、可靠性、安全性的关系,决不能一味地追求先进性而忽视稳定性、可靠性和安全性。2010 年 11 月 1日,新一代《武器装备质量管理条例》正式施行,该条例科学构建了武器装备全方位、全寿命和全系统质量管理新体系,树立了武器装备大质量观,具有显著的系统工程管理特点,为武器装备质量管理体系一体化建设,确立了法律基础和制度保障。

2.5.6　外军装备质量管理模式

装备质量管理模式因武器装备体制、技术水平等而互有差异,但是,外军装备质量管理的成功理念,影响着我军装备质量管理体系的建设模式,对于提高我军装备质量管理水平具有借鉴意义。

2.5.7　经济和文化因素

经济是社会发展的基本因素,对编制体制的影响也是最为根本的。经济发展水平的提高必然导致军事组织体制的变革。因此,武器装备质量管理体系一体化的建设模式,是适应当前社会经济发展水平的必然选择。质量文化反映了质量管理主体的共同价值取向,是形成"全员参与"质量管理的力量源泉,深刻影响着装备质量管理体系的创新与发展。

综上所述,本书设计了如图 2 – 11 所示的武器装备一体化质量管理体系的基本构成图。

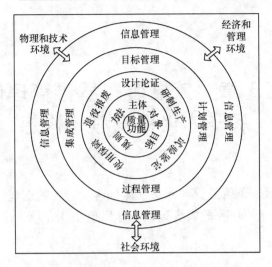

图2-11　武器装备一体化质量管理体系的基本构成

2.6　本章小结

本章是对武器装备质量管理体系一体化建设的全面认知,从主体、对象、目标、规则、方法5个方面分析了武器装备质量管理体系一体化建设的基本要素,提出了武器装备一体化质量管理体系的结构特征,探讨了武器装备质量管理体系一体化应具备的两大功能,即质量控制和质量监督功能,揭示了武器装备质量管理体系一体化的运行机理,分析了武器装备质量管理体系一体化建设的外部环境,为武器装备质量管理体系一体化建设奠定了理论基础。

第3章 武器装备质量管理体系一体化建设总体构想

本章是武器装备质量管理体系一体化建设问题的宏观指导,为全书论述定下总基调,主要研究的内容包括指导思想、基本原则、建设目标和建设内容。

3.1 指 导 思 想

以中央军委关于武器装备质量建设的一系列重要指示精神为指导,按照科学发展观的总体要求,以保障建设信息化军队、打赢信息化战争为基点,以新时期军事战略方针为统揽,以装备发展为牵引,以提高部队战斗力为标准,以《武器装备质量管理条例》为依据,坚持与时俱进、深化改革、积极稳妥、系统建设,着力解决制约我军武器装备质量建设的深层次问题,建立形成与军队建设和装备发展相适应的新型装备质量管理组织结构和长效机制,全面提高我军武器装备质量建设水平。

3.2 基 本 原 则

3.2.1 健全要素、完善功能

要素是构成体系的基本单元,体系功能的发挥来源于要素的有机融合和集成,要素不全、不强必然导致体系弱化,功能无法得到有效发挥。构建武器装备一体化质量管理体系,首先必须要遵循健全要素、完善功能原则。所谓健全要素,就是要通过分析现行武器装备质量管理体系的要素内容,系统总结武器装备质量管理体系一体化建设的要素构成,深入探索武器装备质量管理体系一体化建设的关键要素,确保要素齐全,关注重点要素。所谓完善功能,实质上是基于要素的功能健全。一方面,必须关注由于要素不全导致的功能缺失;另一方面,还要关注由于要素配置不当导致功能发挥不足的问题。

3.2.2　优化结构、调整职能

武器装备质量管理体系一体化建设模式,是新形势下装备质量管理体系建设模式的积极探索。推进我军武器装备质量管理向一体化模式转变,其基本要求在于结构合理、职能清晰、权责明确。因此,按照"优化结构、调整职能"原则构建武器装备一体化质量管理体系,就是要在现行武器装备管理组织框架下,通过优化重组职能部门,科学调整业务分工,切实实现装备质量管理的集中统一,从根本上解决分散、分段质量管理弊端。

3.2.3　理顺关系、提高效能

组织结构是体系运行的基本架构。武器装备一体化质量管理资源、要素在这一框架下能否高效运行,更加依赖于机制健全。坚持"理顺关系、提高效能"原则,就是要在组织间建立起促进体系高效运转的运行轨道,切实形成协调、激励、评价、反馈机制链,促进装备质量管理效能发挥。

3.3　建　设　目　标

3.3.1　总体目标

目标是武器装备质量管理体系一体化建设的宗旨和任务,具有导向性。现行装备质量管理体系的弊端在于多头、分散、分段管理,缺乏系统连续性,"信息孤岛"现象严重。因此,应以"多方参与、联合计划、全程监管、综合评估、高效反馈"为武器装备质量管理体系一体化建设的总体目标。

(1) 多方参与,是指在武器装备质量形成的全寿命周期内,在不同的装备质量管理阶段,要形成以不同质量管理部门为核心的质量管理联合小组,以执行装备质量管理任务。

(2) 联合计划,是指要形成全寿命过程的综合集成计划,以及立项论证、研制生产、试验鉴定、使用维修等阶段的阶段集成计划,以提高装备质量管理针对性和实效性。

（3）全程监管，是武器装备一体化质量管理基本要求。一体化质量管理是基于过程的质量管理模式，通过建立监管机制，赋予监管职能，实现监管功能。

（4）综合评估，是指通过识别武器装备全寿命过程质量管理关节点，运用定性和定量相结合的评估方法，就装备质量管理关键、重要环节进行评估把关，为装备工作转阶段、转环节提供重要依据。

（5）高效反馈，是武器装备"闭环"管理的重要支撑，只有建立高效的反馈渠道，才能够真正发挥监管、评估等机制的效能，才能够切实推进装备质量管理水平持续提高。

3.3.2 具体目标

按照"多方参与、联合计划、全程监管、综合评估、高效反馈"的总体目标构想，武器装备质量管理体系一体化建设的目标具体体现如下：

（1）组织一体。

武器装备质量管理体系一体化建设，组织结构设计是根本。设计实现适应我军装备建设需求的装备质量管理一体化组织形式，有利于促进装备质量管理组织体功能发生质的突变，整体效益得到极大提高。组织形式的一体化集中体现在，一是装备质量全寿命周期管理（论证、研制、试验、生产、采购、使用及维修）在组织形态的设计上体现继承性；二是组织功能具备聚合性特征，实现全过程多功能一体式管理；三是组织成员存在内在联系性，实现专业、技术的优势互补。

（2）过程衔接。

装备质量管理涉及论证、研制、试验、生产、采购、使用及维修等多个阶段，且不同阶段，管理的侧重点不同。所谓过程衔接，就是要打破原有"阶段性"条块分割的工作方式，建立统一的动态工作流程，构建阶段间工作的交叉重叠区域，加强阶段转换过程的工作联系，减少信息的丢失，避免分段管理的弊端。

（3）要素融合。

要素是构成体系的基本单元，是体系存在的基础。武器装备质量管理体系一体化建设的要素包括主体（人及管理部门）、客体（装备质量形成过程中人、事及其相互关系）和载体（规则、方法及手段）。通过载体实现主体对客体的高效作用,确保武器装备一体化质量管理体系要素的有序结合、和谐运行,是实现装备质量管理体系建设"一体化"的重要标志。

3.4 建 设 内 容

新形势下我军武器装备质量管理体系建设走"一体化"道路,是着眼时代发展和装备建设全局提出的路径选择。那么,武器装备质量管理体系一体化建设思路如何? 依据武器装备一体化质量管理体系计划、组织、协调、监督的功能需求,本书建构了以目标为牵引,以计划为指导,以组织体系和运行体系为支撑的装备质量管理体系"三角形"建设模式,如图3-1所示。

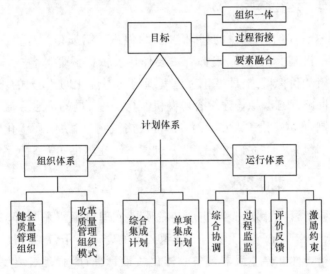

图3-1 武器装备质量管理体系一体化建设模式

3.4.1 组织体系

组织体系建设是武器装备质量管理体系一体化建设的核心。组织结构设计的优劣直接决定了系统功能的好坏。当前,我军装备质量管理活动中,组织管理强调的是分工;而在以信息技术和计算机技术为特征的装备质量管理活动中,组织管理强调的应该是集成。传统的组织结构设计模式属科层制模式,例如,直线制、职能制、事业部制等。我军现行的装备质量管理体制正是这种事业部制模式。该模式的优越性在于,结构稳固,垂直管理,有利于各种计划和指令的贯彻执行。其劣势在于,机构重叠,功能重复,管理缺乏横向沟通和联系。目前,美、英、法等世界军事强国装备质量管理应用一体化项目小组,是典型的矩阵制组织结构设计方式,属于新型网络化组织结构模式,适应了信息时代的新要求。该模式有效解决了装备质量管理条块分割的弊端,促进了质量管理信息的横向流通,极大地提高了质量管理的效能。借鉴外军装备质量管理经验做法,运用现代组织设计理论,建构适应时代要求的武器装备一体化质量管理组织体系,其实现方式在本书的第4章具体分析。

3.4.2　运行体系

运行体系,在组织体系的基础之上,为促进装备质量管理资源要素的高效流通提供机制上的保障,发挥着重要作用。依据武器装备一体化质量管理体系运行的目标模式,即基于过程管理的动态优化回路、人的行为回路和信息管理回路,因此,拟构建综合协调机制(解决人员的沟通交流问题),过程监控机制(解决动态管理问题),评价反馈机制(解决闭环优化问题),激励约束机制(解决动力推动问题),其创建方法在本书的第5章系统论述。

3.4.3　计划体系

装备质量管理计划,是对实现装备质量管理目标所采取行动的系统安排,用于指导和调控装备质量管理资源要素的合理运用,是装备质量管理体系运行的指导性文件。武器装备一体化质量管理计划,是对装备质量管理工作的系统筹划和统一规划,体现了装备质量形成、保持和恢复全寿命过程的总体目标和阶段性目标。武器装备一体化质量管理计划体系包括综合集成计划与单项集成计划(集成立项论证计划、集成研制生产计划、集成试验鉴定计划和集成使用维修计划等),其制定方法在本书的第6章详细阐述。

3.5　本章小结

本章是全书的统缆,是对后续章节问题研究的基本指南。分析了武器装备质量管理体系一体化建设的指导思想,提出了按照"健全要素、完善功能；优化结构、调整职能；理顺关系、提高效能"进行武器装备质量管理体系一体化建设的指导原则；设计了武器装备质量管理体系一体化建设的目标构想；研究了涵盖"组织体系、运行体系、计划体系"等内容的武器装备质量管理体系一体化建设模式。

第4章 武器装备质量管理体系
一体化建设——组织结构设计

美国著名管理学大师彼得·德鲁克认为："好的组织结构不见得就会带来好的绩效，就像是有一部好的宪法，但并不代表会有一个道德完善的社会。但在不佳的组织架构下，管理者表现再好，也不会有良好的绩效[75]"。这表明了组织结构的作用和价值。本章就武器装备质量管理体系一体化建设之组织结构设计问题展开研究，着重探讨四个问题：一是武器装备一体化质量管理体系组织结构特性；二是武器装备一体化质量管理体系组织框架设计；三是武器装备一体化质量管理体系组织平台设计；四是武器装备一体化质量管理体系组织文化建设方法途径。

4.1 组织结构设计理论

4.1.1 组织结构的基本内涵

组织有两个含义：一是指具有一定目的、结构，互相进行协作活动，并与外界相联系的人群的集合体；二是管理的基本职能，是指设计、建立并保持一种组织架构。后者是本书研究的涵义范畴。

结构是系统内各组成要素之间的相互联系、相互作用的方式，也就是各要素之间在时间或空间上排列组合的具体形式[76]。

组织结构，就是组织各部分的排列顺序、空间位置、聚焦状态、联系方式以及各要素相互关系的一种模式。就像人类由骨骼确定体型一样，组织由结构来确定其形状，组织结构在整个组织中起着"框架"作用，有了它，组织的人流、物流、信息流才能正常流通，才能得以实现组织目标。

综上所述，组织结构可作如下理解，即人员在职务范围内、责任、权力方面形成的结构体系，主要包括：

职能结构,即完成组织目标所需的各项业务工作关系;

层次结构,即各管理层次的构成,又称组织的纵向结构;

部门结构,即各管理部门的构成,又称组织的横向结构;

职权结构,即各层次、各部门在权力和责任方面的分工及相互关系。

4.1.2　组织结构的基本类型

1. 职能型组织结构

职能型组织结构是将所有与特定活动相关的人的知识和技能合并在一起,从而为组织提供纵深的知识。当深度技能对于组织目标的实现至为重要,或者当组织需要通过纵向层级链进行控制和协调,以及当效率是成功的关键因素的时候,职能型结构是最佳的模式。也就是说,在横向协调需要量较少的情况下,这种组织结构可以是相当有效的。其基本样式如图4-1所示,优缺点如表4-1所列[77]。

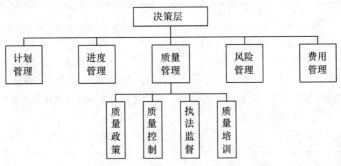

图4-1　职能型组织结构的基本样式

表4-1　职能型组织结构的优缺点

优点	缺点
(1) 实现职能部门内部的规模经济 (2) 促进知识和技能的纵深发展 (3) 促进组织实现职能目标	(1) 对环境变化反应迟缓 (2) 可能导致决策堆积于高层,层级链超载 (3) 导致部门间横向协调差 (4) 导致缺乏创新 (5) 对组织目标的认识有限

2. 事业部型组织结构

事业部型组织结构,是按照单项产品或服务、产品群组、大型的项目或规划来组建事业部的,其显著特点是:该结构是基于组织的产出来组合部门的,实现了组织领导方式从集权制迈向分权制的改革。其基本样式如图4-2所示,优缺点如表4-2所列。

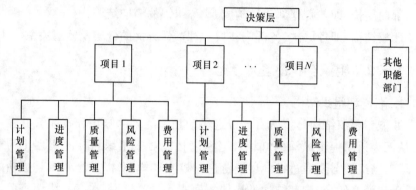

图4-2 事业部型组织结构的基本样式

表4-2 事业部型组织结构的优缺点

优点	缺点
(1)适应不确定性环境中的快速变化 (2)产品责任和接触点明确会使顾客满意 (3)实现跨职能的高度协调 (4)使各单位适应不同的产品、地区或顾客 (5)最适于提供多种产品的大型组织 (6)决策的分权化	(1)失去了职能部门内部的规模经济 (2)导致产品线之间协调差 (3)不利于能力的纵深发展和技术的专业化 (4)使跨产品线的整合和标准化困难

3. 矩阵型组织结构

矩阵型组织结构,是实现组织结构多重组合的一种方式。例如在同一组织机构中按职能划分部门和按项目划分部门相结合的组织结构模式,即为矩阵型组织结构,它最大限度地发挥了两种组织形式的优势,即职能原则的纵向优势和对象原则的横向优势。这种组织结构更加适用于以下几种情形[74]:

情形1:存在跨产品线共享稀缺资源的压力。例如产品线之间存在人力和设备灵活调用和共享的压力。

情形2:环境压力使组织需要提供两方面或更多方面的关键产出,如深度发展的专业技术知识和不断更新的产品。

情形3:组织的环境领域不仅复杂,而且充满不确定性。外界的频繁变化和部门之间的高度依存要求组织无论在纵向还是横向上都具有较高手协调和信息处理能力。

矩阵型组织结构的基本样式及其优缺点如图 4-3 和表 4-3 所示。

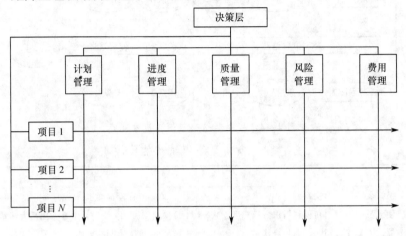

图 4-3 矩阵型组织结构的基本样式

表 4-3 矩阵型组织结构的优缺点

优点	缺点
(1) 横向信息沟通灵活,利于协调配合 (2) 促进人力资源灵活共享 (3) 适应不确定性环境中复杂决策 (4) 为职能和产品两方面技能的发展提供机会	(1) 人员双重职权关系 (2) 难以维持权力平衡 (3) 要求人员具有良好的人际技能 (4) 频繁协调解决冲突,耗费时间多

4. 横向型组织结构

横向型组织结构,是按照核心流程来组织人员的,明显减少了纵向的层级,跨越了原有的职能边界。具有如下显著特征:一是围绕工作流程而不是部门职能来建立机构,传统的部门边界被打破;二是改变金字塔形等级机构,取消中间层级,实现纵向层级扁平化;三是管理的任务委托到更低的层次;四是为实现横向型组织的跨部门协作,流程导向的自我管理团队(这是横向型组织结构的基本单元)应运而生。横向型组织结构的基本样式及其优缺点如图 4-4 和表 4-4 所示。

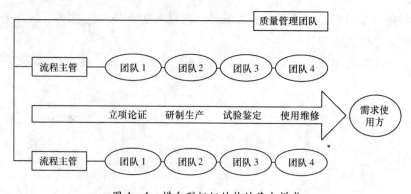

图 4-4　横向型组织结构的基本样式

表 4-4　横向型组织结构的优缺点

优点	缺点
(1) 组织反应灵活而快速	(1) 核心流程较难确定,耗费时间
(2) 使人员的注意力转移到需求方满意度上来	(2) 对组织文化、管理哲学等做出重大调整
(3) 促进人员注重团队工作与合作	(3) 受到传统体制的束缚
(4) 拓宽了人员对组织目标的认知	(4) 人员应得到预先的培训

综合来看,组织结构形式的演变过程,从本质上讲,是信息处理方式的转变过程,即强调纵向的沟通和控制,转向为强调横向的沟通和联系。可以预见,随着信息技术、计算机技术的高速发展,联系方式将朝着更加多元化的方向发展,组织结构内部关系愈加复杂,网络型、学习型组织结构将逐步走向成熟。图 4-5 为组织结构形式演变规律分析。

4.1.3　组织结构设计的维度

组织结构设计的维度分为两类[78],结构性的和关联性的。结构性维度描述了一个组织的内部特征,它们为衡量和比较组织提供了基础。关联性维度反映整个组织的特征,它们描述了影响和改变组织维度的环境,如图 4-6所示。

1. 结构性维度

结构性维度主要表现为正规化、专业化、职权层级、集权化、职业化和人员比率等方面。正规化是对组织行为和活动规范性程度的反映;专业化是对组织任务分工独立性程度的反映;职权层级是对组织中报告关系和管理幅度的反映;集权化是对组织决策层级的反映;职业化是对组织人员正规教

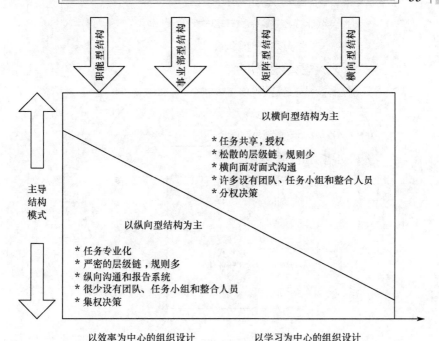

图4-5　组织结构形式演变规律

育和培训程度的反映。

2. 关联性维度

组织结构应与其所处的环境相适应,因为任何组织都要到环境中去运行。关联性维度主要表现为目标战略、环境、规模、技术和文化等方面。目标战略决定组织结构,组织结构是实现目标战略的重要工具;环境包括所有组织边界以外的因素,组织结构的设计主要受环境的复杂性和稳定性两方面因素影响,即环境越是复杂多变,要求组织结构设计要强调适应性;规模的大小影响组织结构中各个结构性维度,是权力层级的重要影响因素;组织管理过程中,技术的先进程度是影响组织内部协调关系的重要因素;文化是组织人员共享的价值理念,影响组织行为的效率及其服务水平。

4.1.4　组织结构设计的程序

科学地进行组织结构设计,要根据组织结构设计的内在规律性有步骤地进行。表4-5为组织结构设计的一般程序及主要内容。

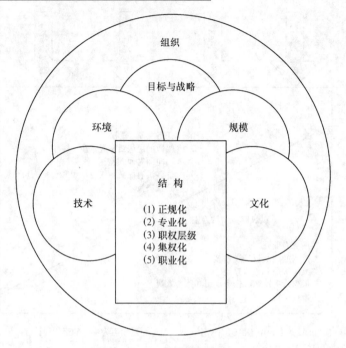

图4-6 组织结构设计的维度

表4-5 组织结构设计程序及内容

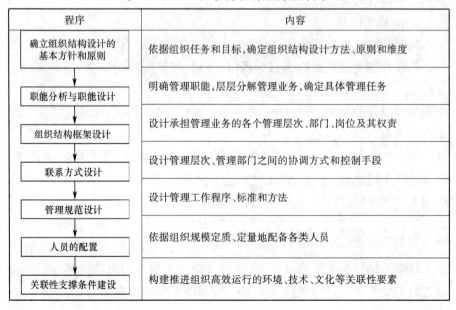

程序	内容
确立组织结构设计的基本方针和原则	依据组织任务和目标,确定组织结构设计方法、原则和维度
职能分析与职能设计	明确管理职能,层层分解管理业务,确定具体管理任务
组织结构框架设计	设计承担管理业务的各个管理层次、部门、岗位及其权责
联系方式设计	设计管理层次、管理部门之间的协调方式和控制手段
管理规范设计	设计管理工作程序、标准和方法
人员的配置	依据组织规模定质、定量地配备各类人员
关联性支撑条件建设	构建推进组织高效运行的环境、技术、文化等关联性要素

4.2　武器装备一体化质量管理组织结构特性分析

分析武器装备一体化质量管理的组织特性,其目的在于:一是要找准与企业组织、学术组织、行政组织设计方式的异同,区别运用组织结构设计的基本理论;二是要认清武器装备一体化质量管理体系与现行装备质量管理体系组织结构的异同,找准组织创新的切入点。因此,依据组织结构设计的维度,进行组织特性分析。

4.2.1　结构性特性分析

1. 正规化

武器装备一体化质量管理体系,属装备管理体制范畴,是确保武器装备建设质量的重要组织保证,因此,武器装备一体化质量管理体系应具备严格的科层制结构,其工作程序、职务说明、规章规定均应以书面文件的形式规范执行。与现行装备质量管理体系的差别在于,识别全寿命周期质量管理核心工作流程,以及关键评价点,并将其以制度规范形式固化下来。

2. 专业化

武器装备一体化质量管理体系,是对全寿命周期装备质量建设情况监督和控制的工具,其质量管理主体(图2-2~图2-5)多元化,质量管理对象复杂多样,质量管理周期长。因此,其专业化程度高低与否是个相对的概念。例如,就某型装备质量形成的全寿命周期而言,武器装备一体化质量管理体系中的军事代表全程参与其中,因此,军事代表的劳动分工就较为宽泛。但同时,在某一质量管理流程中,武器装备一体化质量管理又以“集成研讨”的形式展开,质量管理的参与者们又是贡献他们的专业知识,因此,其专业化程度也相对较高。所以,这也反映了一体化装备质量体系融合性的基本特征。

3. 职权层级

现行的装备质量管理体系,质量监督的职能由军事代表来履行,军事代表实行“总部或军兵种派出机关—军事代表局—军事代表室”三级管理体制,分别由总参、总后、总装、海军、空军、二炮6个大单位的16个军级部门派出。装备使用维修阶段的质量管理职能由部队来履行,实行军区或军兵种

机关主管下的"基地级—中继级—基层级"管理体制。综上所述,可以得出如下结论:

第一,装备研制生产与使用维修质量管理是完全独立的两套体制,难于形成合力。

第二,军事代表管理虽为三级体制,但多头派出,管理复杂。

第三,从装备质量管理的功能来看,除了质量监督之外,还有质量控制,即对装备质量形成全过程的质量活动行为,这又应如何分配管理权责?

武器装备一体化质量管理体系,其质量管理目标是实现"集中统一"管理。因此,本书认为:首先,关于装备研制生产和使用维修质量应统筹管理,需隶属同一决策层,在管理层的协调开展工作;其次,基于决策层实行军事代表统一派驻,解决多头管理问题;再次,对寿命周期质量管理活动,由决策层规范质量管理行为,通过执行层具体实施。

4. 集权化

装备质量管理,实质上是一种保证、监管工作,其决策主要体现在是否存在质量违规问题,并基于问题的严重程度按流程上报整改。因此,这不同于地方企业对于重大问题的集权或分权决策,例如,商品价格的设定、营销区域的选择、供应商的选择等。

5. 职业化

在装备质量管理领域,军事代表发挥着最为重要的作用,其管理职能贯穿于装备质量形成的全寿命过程。因此,对军事代表的职业要求应有更高的标准。这与现行装备质量管理体系采用的军事代表职业资格审查制度目标是一致的。另外,对于武器装备一体化质量管理体系而言,决策层承担质量政策制定、统筹管理等重要职责。因此,要求决策层人员应具备一定的质量管理领域专业培训和从业经验。

4.2.2　关联性特性分析

对于企业组织设计来说,其关联性特性涉及目标与战略、环境、规模、技术、文化等五个方面。但是,武器装备一体化质量管理体系的组织设计是不同的。企业的战略目标决定了其本身区别于其他组织的目的和竞争性技巧,具有差异性;而装备质量管理体系的战略目标是确保获取满意的武器装备及服务,具有一致性。企业的规模随着企业竞争力的提升将不断拓展;而装备质量管理体系的组织规模是相对稳定的,除非装备质量管理任务显著增加。另外,与现行装备质量管理体系的组织差异性体现在以下方面。

1. 环境

环境包括组织边界以外的所有因素。一个组织外部的其他组织往往是其环境中对该组织有最大影响力的因素。现行的装备质量管理体系是分头、分段、分散管理的,军事代表主要负责研制生产阶段的质量监管,主要接触面是承制单位。部队负责装备使用的质量管理,主要接触面是承修单位。因此,现行装备质量管理体系的"环境组织"是相对简单的。但是,武器装备一体化质量管理体系的组织,贯穿于立项论证、研制生产、试验鉴定、使用维修全寿命周期各个阶段,组织团队及其外部接触面动态变化。因此,武器装备一体化质量管理体系的"环境组织"是复杂且不稳定的。

另外,武器装备一体化质量管理组织,如何适应当前装备管理体制,是一个复杂而又必须解决的难题。一是要处理好组织创新与改革稳步推进的关系;二是要处理好与相关组织体系职权分配问题;三是要处理好与其他组织体系的工作关系。

2. 技术

组织管理过程中运用技术的复杂和先进程度是影响组织内部协调关系的重要因素。这里所指的技术主要是管理技术和管理工具。例如,美军军事代表质量管理,运用了诸多科学有效的管理工具,如获得值管理系统(Earned Value Management System,EVMS)、劳务时间管理系统(Performance Labor Accounting System,PLAS)、综合管理系统(Integrated Management System,IMS)、知识管理(Knowledge Management,KM)、风险管理(Risk Management,RM)等,成为其实现质量管理目标的有力助推器。武器装备一体化质量管理体系的组织优势就是要增进横向的协调与沟通,先进管理技术和工具的开发和应用是达成这一目标的重要手段,是武器装备质量管理体系一体化建设的重要基础。

3. 文化

武器装备一体化质量管理的组织过程,将以动态的合作团队为中心开展工作,成员间如何形成有机的质量管理共同体? 组织文化,会影响组织对人员的承诺、效率水平,并使用团队成员紧紧地联结在一起。因此,组织文化建设是武器装备质量管理体系一体化建设不可或缺的组成部分,这与现行装备质量管理体系对文化建设的要求有着根本性差别。

综上所述,通过对武器装备一体化质量管理组织结构特性的系统分析,本书认为,武器装备一体化质量管理体系组织结构设计可从三方面入手:一是组织框架的构设(属于结构性特性分析范畴);二是组织平台的设计;三是组织文化的建设(第二、三均属于关联性特性分析范畴),如图4-7所示。

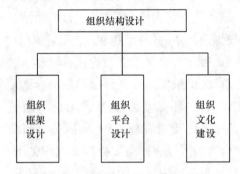

图4-7　武器装备一体化质量管理组织结构设计内容

4.3　武器装备一体化质量管理组织框架设计

4.3.1　基本原则

武器装备一体化质量管理组织架构设计,涉及多重组织要素的调整和安排,要建立一个既科学合理、反映时代特征,又符合我军武器装备建设发展需求的装备质量管理体系,应当遵循以下基本原则:

(1)集中统一。

所谓集中统一原则,就是要从组织结构设计上确保实现全系统、全寿命装备质量管理资源要素的统一规划、调度和使用,从根本上解决现行装备质量管理体系"多头领导"、"分段管理"、"分散管理"、"政出多门"等体制性弊端,提高装备质量管理的整体效益。但集中统一,并不意味着僵化、集权,这是针对政策职能部门的组织框架设计而言(矩阵型组织结构),在全过程质量控制过程中,更加注重横向协调。

(2)全面协调。

所谓全面协调原则,是指在组织架构设计时,必须从整体性原则出发,从便于各部门密切协同,形成合力入手,以保证装备质量管理体系发挥最大效能。对于武器装备一体化质量管理体系的组织架构设计而言,最重要的决策就是找到纵向控制与横向协调之间合适的平衡点。因此,一是要保持必需的组织纵向指挥关系,确保质量管理有效授权,以及指挥管理顺畅;二是要保证全过程质量管理的动态控制,从组织结构设计上,加强质量控制的横向沟通与协调。

(3) 权责一致。

所谓权责一致原则,是指职权和职责必须相等。在进行装备质量管理组织架构设计时,既要明确规定每一管理层次和各个部门的职责范围,又要赋予完成其职责所必须的管理权限。职责与职权必须协调一致。要履行一定的职责,就应该有相应的职权。如果只有职责,没有职权或权限太小,那么职责承担者的积极性、主动性就必然受到束缚;相反,只有职权,责任很小,必然导致滥用权力。

(4) 精干高效。

所谓精干高效原则,是指在服从装备质量管理工作目标所决定的业务活动需要的前提下,力求减少管理层次,精简管理人员,充分发挥组织机构成员的积极性,提高管理效率,更好地实现装备质量管理工作目标。因此,武器装备一体化质量管理组织架构设计,一定要做好职能分析,充分认清装备质量管理工作的重心在于全寿命过程的装备质量控制,装备质量管理工作的关键在于加强质量监管过程规范化控制。基于上述需求,依据层次优化、人员精简的原则设计组织架构。

4.3.2　职能分析

武器装备一体化质量管理机构的职能,应全面覆盖政策、人员、管理、责任追究等各个方面,形成有机的整体;应淡出具体装备实体的质量监理,实现从微观管理向宏观管理的转变;应从主要关注研制生产阶段的质量管理向全寿命周期质量管理拓展,行使对装备质量形成全过程的监督和控制。具体而言包括以下主要职能:

(1) 装备质量管理法规制度建设职能。

装备质量管理的法规制度,是开展装备质量管理工作的基本依据。现行的装备质量管理体系,还没有形成完备的质量管理法律建设机构,不具备统一筹划质量管理法规制度的职能。武器装备一体化质量管理体系,应设置装备质量管理法规制度机构,赋予法规制度建设职能,实现装备质量管理法规制度的统筹规划,为装备质量依法管理奠定坚实的基础。

(2)装备质量活动的监督和控制职能。

装备质量活动的监督和控制,是装备质量管理的核心职能,所有其他职能均围绕这一核心职能为其提供服务。现行的装备质量管理体系,实行分段质量管理,更加关注研制生产阶段的质量监督。武器装备一体化质量管理体系,应着眼于适应装备全寿命周期质量管理需要,设计实现装备质量管理组织形式,从根本上促进装备质量控制职能的有效发挥。

(3)质量体系认证和职业资格认定职能。

质量体系认证,是指承担装备研制生产的单位必须通过质量体系认证。武器装备质量管理体系认证工作对提升装备承研承制单位质量管理能力,推进装备建设又好又快发展具有重要意义。现行的装备质量管理体系,装备质量体系认证工作,经总装备部和国防科技工业局授权,由武器装备质量体系认证委员会统一组织实施。职业资格认可,主要是指对军事代表职业资格的认证考核,不同专业技术职务等级的军事代表应当具备相应的资格条件。因此,应将上述两项职能纳入到武器装备一体化质量管理体系范畴。

(4)装备质量执法监督职能。

执法监督主要是对装备质量法律责任的履行,是装备质量管理体系建设的薄弱环节。《武器装备质量管理条例》第六章专门就法律责任问题做出明确的规定,但现行装备质量管理体系仍缺少统一的执法部门。因此,健全和完善装备质量执法监督职能,是武器装备一体化质量管理体系组织建设的重要组成部分。

4.3.3　结构形式

基于武器装备一体化质量管理组织结构特性分析,依据武器装备一体化质量管理组织结构设计原则及职能要求,本书构建"以装备质量监督局为统管部门、以军区、军兵种、师(旅)装备质量监督部门为纵向层次职能部门、以关节点质量监督团队和模块化项目管理团队(或专业采购中心)为横向装备质量管理组织"的武器装备一体化质量管理组织体系,其组织框架如图 4-8 所示。

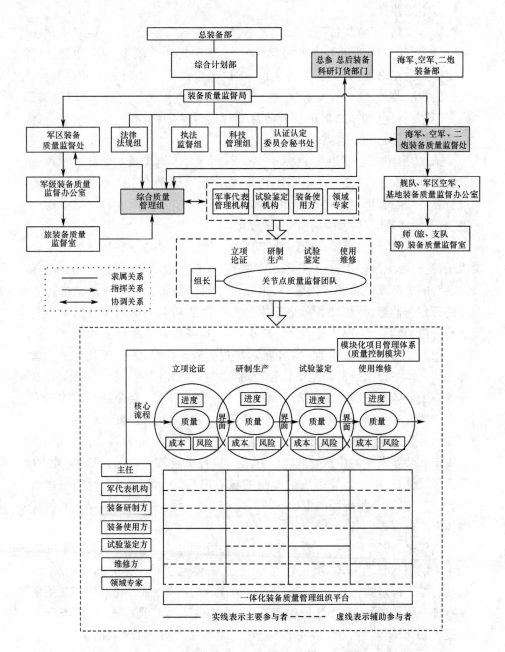

图4-8 武器装备一体化质量管理组织框架

基本思路是：

第一，整合现有装备质量管理力量，成立装备质量监督局，设置法律法规组、综合质量管理组、执法监督组、科技管理组等四个职能小组，以及认证认定委员会秘书处，实现装备质量管理的"集中统一"，即统一的政策规范、统一的执法监督、统一的质量信息管理，解决"多头管理"、"分散管理"、"政出多门"等体制性弊端，促进装备质量管理监督的制衡，满足武器装备一体化质量管理体系的职能需求。

第二，形成"装备质量监督局—军区、海、空、二炮质量监督处—军种质量监督办公室—师（旅）质量监督室"的纵向层次管理组织体系，统一、规范现行装备质量管理的纵向层级组织体系，拓宽与装备使用方的直接沟通渠道，有利于实现装备使用信息的高效反馈。

第三，形成以综合质量管理组，以及海、空、二炮装备质量监督处为综合协调部门，由装备使用方、装备承研承制方、军事代表机构、试验鉴定方等多方参与的关节点质量监督团队，对重要关节点的装备质量管理活动进行独立的评审与监管，使得装备质量形成过程管理活动与关键的装备质量监督活动分离，有利于实现质量监督的制衡作用，提高质量监督的效力。

第四，规范全寿命周期装备质量形成过程管理活动，形成模块化项目管理团队。本书提出的模块化项目管理团队，是以质量控制为核心内容，包括全寿命周期致力于满足装备质量要求的所有管理活动。装备质量的控制主要牵涉军方和承研、承制、承修方。在立项论证、试验鉴定和装备动用阶段，军方是装备质量控制的主导方，也是主体方，采用怎样的装备立项论证、试验鉴定和装备动用的质量管理组织方式和运行机制（关于运行机制问题，在第六章具体论述），是装备质量控制的核心内容。而在研制生产和维修阶段，军方是装备质量控制的主导方，军事代表对承研、承制、承修单位质量管理体系的监督是装备质量控制的核心内容。

近年来，我军不断探索装备采购全寿命管理方式方法，深入分析了外军装备采购项目管理模式（项目管理办公室、一体化项目小组）的成功经验，系统总结了推进我军项目管理制度面临的困难，例如，部门利益和相互关系没有统一规范，没有适合各种项目、一致认同的项目管理模式，缺乏配套的制度机制保障等[79]，为促进我军推进项目管理制度奠定了坚实的基础。

1. 近期可行方案——模块化项目管理模式

在不对现行装备管理体制进行较大变动的前提下，本书提出模块化项

目管理模式(图4-8),其主要表现为:

一是在人员构成上,由装备订购主管部门任命项目管理主任1人,负责全面项目管理。其他成员采用模块化抽组方式,从各个专业职能部门抽调组建以质量控制模块为核心,包含进度管理模块、成本管理模块、风险管理模块的项目管理团队。在寿命周期的不同阶段,依据任务的不同,各成员参与项目管理的程度不同,包括主要参与者和辅助参与者。

二是在职能划分上,本书认为,项目管理的核心在于质量控制,一切其他活动也是围绕这一核心问题展开。因此,组建以质量控制模块为核心层,以进度管理、成本管理、风险管理为外围层的项目管理团队,直接负责完成或者组织委托其他相关业务团队完成项目任务要求,形成"小核心、大外围"的管理模式。

三是在运行方式上,以装备质量形成的核心流程为主线,划分立项论证、方案研制、工程研制、设计试验、小批量生产、生产试验、生产、使用维修等8个主要流程模块,每个主流程模块又分为若干子流程模块。按照主要流程进行项目管理团队组建,上一流程任务结束,该流程项目管理团队解散,与此同时,项目管理主任组建下一流程项目管理团队,并在上一流程项目管理成员的协助下拟制项目管理计划。

任务模块间的工作关系如图4-9所示。

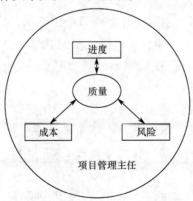

图4-9 任务模块关系示意图

流程模块间的运行关系如图4-10所示。

模块化项目管理模式与项目管理办公室、一体化项目小组的优、劣势分

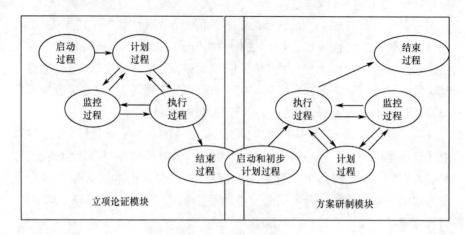

图 4 - 10　流程模块关系示意图

析为:

第一,项目管理办公室属独立型项目组织结构,负责全寿命周期项目管理工作,是理想的项目管理模式。但是,其历时长,投入大,人员素质要求高,资源共享率较低,人员发展机会受限,项目结束后工作去向不明确。因此,国内、军内专家、学者一致认为该模式适用于重大武器装备项目的管理,例如 921 工程项目办公室。

第二,一体化项目小组属矩阵型项目组织结构,是当前世界装备项目管理的主要组织模式。该种项目管理模式资源共享率高,专业支撑能力强,无人员去向问题。但是存在双重领导矛盾,岗位不稳定,对于周期较长项目,产生冲突较多,管理复杂性较大。

第三,模块化项目管理团队,该种模式采用矩阵型项目组织结构,属临时性组织机构,继承了一体化项目小组资源共享、专业支撑能力强、无人员去向问题等特点优势。与此同时,该种模式基于项目管理的核心流程将项目管理全过程划分为 8 个模块,将项目管理任务划分为以质量控制模块为核心,包含进度、成本和风险的 4 个任务模块,其中项目主任全过程参与各个模块的项目管理工作,依据各个模块的中心任务,组建各个模块成员,任命项目副主任(一般由该阶段的主要参与者承担) 1 人。这样做的优势在于,缓解了长期双重领导的矛盾,进一步优化了项目管理资源利用,适用于各类型装备项目(如预研项目等),由于项目主任的专职制,以及阶段间项目管理计划的协同制定,使得模块之间耦合起来,确保信息有效传递。但是如何提高管理成员的责任心,还得依靠组织文化、制度机制来激励和约束。

2. 远期可行方案——专业采购中心模式

随着我军装备采购制度改革的推进,重大项目采用项目管理办公室模式,重要或一般项目可采用专业采购中心模式,该模式属项目群办公室模式,可按专业对同类、同行业、同一总体单位的多个型号建立采购中心,对装备全寿命周期进行管理[80]。例如,陆军通用装备采购可组建军械、装甲、工化、车辆等4个专业采购中心。再如,海军装备采购可组建海军舰船及舰载武器系统、海军航空武器系统及其设备、海军设施工程系统、海军供应系统以及海军航天系统与电子战装备等5个专业采购中心。本书提出一种专业采购中心式的项目管理模式,如图4-11所示。

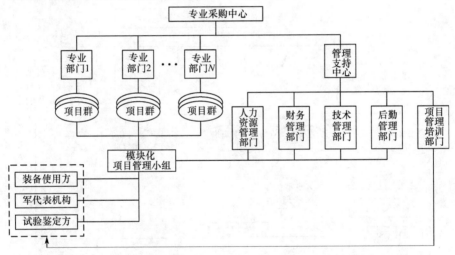

图4-11　专业采购中心模式

关于专业采购中心模式的进一步分析:

第一,专业采购中心模式是一种混合式项目组织结构。其中,财务、技术、后勤保障等专业人员由采购中心直接提供,对内是一种矩阵型组织结构,实现资源的优化共享,对外是一种独立型组织结构,人员不存在工作去向问题。而使用方、军事代表、试验鉴定方仍采用完全的矩阵型组织结构,依据任务的需求抽调到模块化项目小组之中,在管理支持中心的培训部门进行培训后,开展相关工作。

第二,专业采购中心,其组织内部实现了财务、技术、后勤等资源的整合,有利于发挥专业技能与规模经济的优势,使其在改进项目管理质量的同时,降低了项目管理成本,更有利于解决多项目管理的组织协调问题。

第三,专业采购中心模式下的模块化项目管理小组具有充分的权力,采购中心内部的职能部门属服务保障机构,配合项目管理小组开展工作。因此,相关人员不存在双重领导的压力。

第四,专业采购中心模式下项目管理,仍采用模块化组织方式,即流程模块化、任务模块化(同模块化项目管理团队)。

以陆军军械装备采购为例,构建如图4-12所示的专业采购中心式项目管理模式。

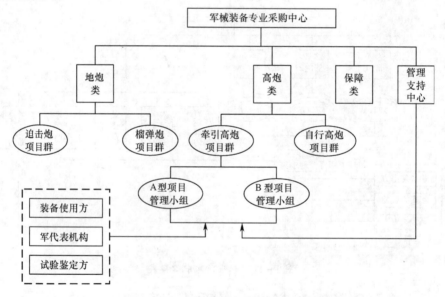

图4-12　军械装备专业采购中心模式

4.3.4　主要职责

1. 装备质量监督局

下设法律法规组、综合质量管理组、执法监督组、科技管理组等四个职能小组,以及认证认定委员会秘书处。

法律法规组:负责组织起草有关装备质量管理方面的法律、法规,制定和发布有关装备质量管理方面的政策和程序,指导和监督装备质量管理的行政执法工作。

综合质量管理组:综合协调质量监督管理的参与方,组建陆装、通装,总参、总后订购装备关节点质量监督团队。

科技管理组:推广先进的装备质量管理经验和科学的装备质量管理方法,负责组织装备质量管理信息化建设,以及装备质量管理、技术科研工作。

执法监督组:负责装备质量管理监督检查,依法追究相关质量管理法律责任。

认证认定委员会秘书处:负责组织武器装备质量管理体系认证工作,负责组织军事代表职业资格认定工作,对装备质量监督团队成员质量管理资格进行认定,组织相关培训。

2. 各级装备质量管理部门

第一层级:军区、海、空、二炮装备质量监督处。协助起草有关装备质量管理方面的法律、法规,负责组织起草有关装备质量管理方面的制度、规范,综合协调并组建专用装备节点质量监督团队(海、空、二炮装备质量保证处),组织落实装备质量管理信息化建设。

第二层级:军兵种装备质量监督办公室。

第三层级:师(旅)装备质量监督室。

3. 关节点质量监督团队

关节点质量监督团队依据采购项目的性质、规模和重要程度,由装备质量监督局综合质量管理组,或军区、军兵种装备质量监督处负责组建,任命团队组长1人。其主要职责是:负责装备立项论证、研制生产、试验鉴定、使用维修全寿命周期关节点质量监督。

4. 模块化项目管理团队(或专业采购中心)

模块化项目管理团队(或专业采购中心),是装备采购全寿命管理的重要工具,其核心是对装备质量形成过程管理活动的控制。主要职责是:全面负责装备质量管理计划、组织、指挥、协调活动。

图4-13为关节点质量监督团队和项目管理团队节点监督与评审范围。对重大、重要、一般项目,本书作如下界定:根据武器装备的重要性、经费额度、军种共用程度而划分,重大项目指国家、三军共用重点项目,重要项目指

军种重点项目,一般项目指军种普通项目。

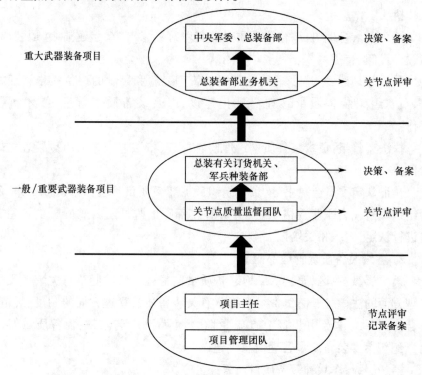

图 4-13　关节点质量监督团队和项目管理团队节点监督与评审范围

4.3.5　工作关系

1. 装备质量监督局与有关方面的工作关系

综合计划部与装备质量保证局是领导与被领导的关系。各军区、军兵种装备质量监督部门接受装备质量保证局的业务指导。

2. 关节点质量监督团队与有关方面的工作关系

关节点质量监督团队,是装备质量监督局授权,由综合质量管理组,或军区、军兵种装备质量监督处组建的,直接对装备质量监督局负责。关节点质量监督团队,是装备采购过程重大管理活动的监管方,决定其是否转入下一阶段工作。

3. 项目管理组织与有关方面的工作关系

(1) 与装备订货主管部门的关系。项目管理组织由装备订货主管部门授权组建,接受装备订货主管机关的领导。

（2）与装备承研承制单位的关系。项目管理组织代表军队与装备承研承制单位签订研制生产合同,组织实施装备研制生产合同的节点审核与验收。

（3）与军事代表机构的关系。项目管理组织签订合同后,委托军事代表机构对装备研制生产过程进行履约监督,项目管理组织与军事代表机构是协作关系。

（4）与维修保障部门的关系。项目管理组织吸纳维修保障部门同志参加,在装备研制生产工作中系统考虑维修保障与寿命周期费用问题。项目管理组织为维修保障部门提供技术指导、咨询服务和工作协调等协助。

4.4 武器装备一体化质量管理组织平台设计

武器装备一体化质量管理组织平台,是实现装备质量管理科学、高效的系统化、现代化工作手段和工具,是推进武器装备一体化质量管理的重要物质技术基础,是解决装备"分散"质量管理的重要手段,对于促进装备质量管理模式的转变具有重要价值。

4.4.1 设计原则

武器装备一体化质量管理组织平台,是装备质量形成过程中所有监督和控制活动的操作平台。本书认为,平台的设计应遵循如下基本原则。

1. 功能性

武器装备一体化质量管理组织平台,其功能设计必须与组织模式相适应,应着眼装备立项论证、研制生产、试验鉴定、使用维修等全过程质量管理的需要,应着眼不同的装备质量管理层次,应着眼全员参与的装备质量管理特性,系统设计反映装备质量监督、组织、计划、指挥、协调活动的功能模块。

2. 层级性

武器装备一体化质量管理组织平台,是一个开放的系统。但这里所谓的开放,是指对有权参与装备质量管理要素的开放,并非是无限制性的。也就是说,不同的层级具有不同的访问权限。

3. 通用性

武器装备一体化质量管理组织平台,是一个共用的系统,广泛适用于陆、海、空、二炮部队的装备质量管理。因此,必然要求它所提供的功能服务是标准化的、规范化的,另外,它也是一个通用的系统,还要求它必须与现有装备管理系统具有统一的行为规则,有着良好的兼容性,能够嵌入到全军装备信息化管理平台之中。

4. 区域性

武器装备一体化质量管理组织平台,其操作终端分布于装备质量主管机构、军事代表机构、试验鉴定部门、装备使用维修部门、装备承研承制部门等,具有广泛的区域性特征。因此,应采用分布式软件系统。

5. 安全性

武器装备一体化质量管理组织平台,实质上是装备质量管理信息的储存和交流平台,涉及装备的各类技术、性能指标和参数,涉及各层级装备质量管理文档和计划,涉及诸多质量管理主体的共享与共用。因此,平台的安全性设计是重中之重。

6. 可操作性

武器装备一体化质量管理组织平台,所面对的用户多是管理类人员。因此,平台的设计应采用简捷界面风格,最大限度地引导用户以最快的方式完成所需要进行的操作。

4.4.2　功能需求

1. 总体功能分析

武器装备一体化质量管理组织平台,是面向装备全过程、多层次、全员参与质量管理的操作使用系统,解决现行装备质量管理系统的过程阶段性、适用装备单一性、难于区域分布式操作的不足,因此,应包含如图 4 – 14 所示功能[81 – 83]。

2. 各模块功能分析

1) 平台管理模块

平台管理模块,包括系统运行环境与功能配置、系统运行监测与控制、系统安全机制、系统维护机制、系统人员操作权限管理等,是系统运行的基础。

2) 使用质量信息管理模块

使用质量信息管理,是装备使用维修阶段质量信息的操作平台,包括质

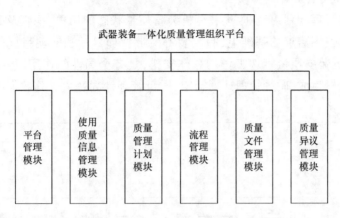

图4-14　总体功能

量特性的查询、质量问题的汇总以及质量问题的统计分析。

其数据流图如图4-15所示。

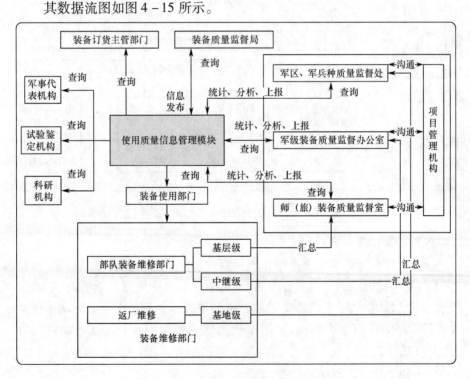

图4-15　使用质量信息管理数据流图

3）质量管理计划模块

质量管理计划,是在收集和分析装备质量状态的历史、现状及其发展情况和部队使用需求的基础上,制定装备质量管理目标和实现目标的程序措施,是开展装备质量管理工作的总体安排,具有全局性的作用,包括质量管理计划目标生成、质量管理计划制定、质量管理计划变更。其数据流图如图4-16所示。

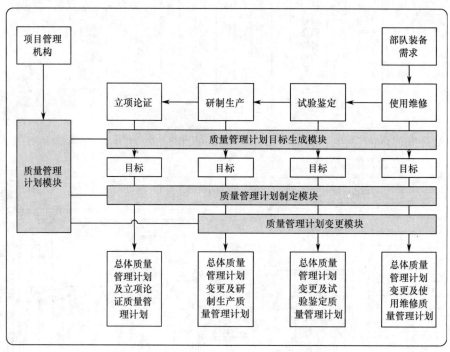

图4-16　质量管理计划数据流图

4）流程管理模块

流程管理,是武器装备一体化质量管理组织平台的最重要组成部分,反映了装备质量形成的全过程管理活动,包括关节点质量监督子模块(节点评定、评定结果审核、评定结果反馈和评定结果跟踪)和过程质量控制子模块(项目管理团队质量控制模块、军事代表质量控制模块)。其数据流图如图4-17所示。

5）质量文件管理模块

质量文件管理,包括质量管理计划文档、节点评审文档、过程控制文档

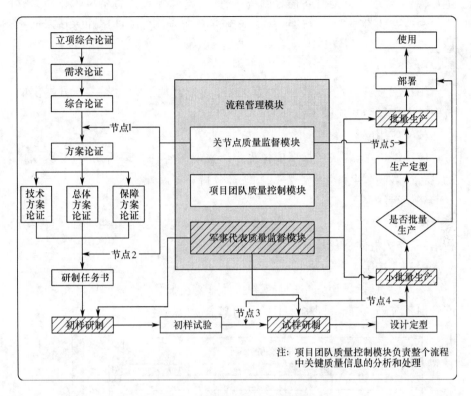

图 4 – 17　流程管理数据流图

和质量异议文档等,其功能可以实现文件的上传、发放、回收、查询等。

6）质量异议管理模块

本模块主要对过程管理异议和装备使用方质量异议的录入接收。内容主要包括,承研承制单位履行合同的异议、试验鉴定过程的异议、装备使用质量的异议等。与此同时,对接收的异议确定处置方式,分为直接判定、专家评审、技术分析等方式,进而采取相应的对策和措施,并记录上报质量异议文档。

4.4.3　总体结构

依据武器装备一体化质量管理组织平台的设计原则和功能需求分析,构建了如图 4 – 18 所示的武器装备一体化质量管理组织平台总体结构。该体系结构以装备质量过程管理为框架,在装备质量形成的全过程中有效地进行各种活动,实现对装备质量的统一管理,是实现武器装备一体化质量管理组织模式的重要工具。该平台包括用户层、应用层、组件层和支持层四个层次[84]。

(1)用户层。

用户层,是指为参与装备质量形成过程中管理活动的各参与方提供的统一的人机界面和协同工作环境。

(2)应用层。

应用层,是指装备质量形成过程中所采取的各种管理活动,包括数据查询、质量计划、节点评审、流程控制、统计分析和异议处置等。

(3)组件层。

组件层,是为应用层提供相关的功能模块,包括数据组件、统计组件、分析组件、监控组件、资源组件和管理组件等。

(4)支持层。

支持层,是指异构分布的计算机硬件环境、操作系统、网络环境和数据库管理系统等,它们共同构成了平台的基本运行环境。

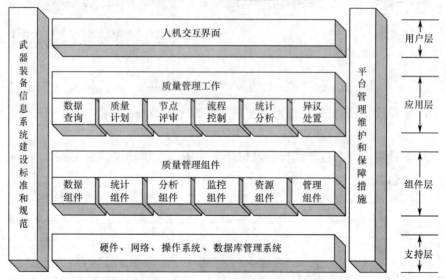

图4-18　武器装备一体化质量管理组织平台体系结构示意图

4.5　武器装备一体化质量管理组织文化建设

21世纪的第一个10年中,美国质量协会就有两届年会将"质量文化"作为大会的主题,分别是2002年的第56届年会"质量文化:21世纪企业迈向成功的基石"和2009年第63届年会"质量文化:服务顾客、组织和社会"。中国质量协会于2007年、2009年和2011年三次召开质量文化论坛会议,研究探索质量文化建设的路径和方法。这些均深刻揭示了质量文化的重要性,及其建设的极端必要性和紧迫性。

本书认为,装备质量管理体系的组织文化,其实质就是质量,对于质量的追求是装备质量管理体系组织文化建设的灵魂。武器装备一体化质量管理体系的组织文化可界定为:以装备质量为核心,以获得最大化的装备使用价值为目标,致力于提高武器装备一体化质量管理效能的一系列有关质量价值观念和行为规范的总和。组织文化,对武器装备质量管理发挥着重要的引导、协调、规范、激励和凝聚作用,是装备质量管理体系软实力建设的重要内容。

4.5.1　组织文化表征

武器装备一体化质量管理体系组织文化,同其他组织文化,在表现形式上没有本质的差别,可区分为如下四个层次[85],如图4-19所示。

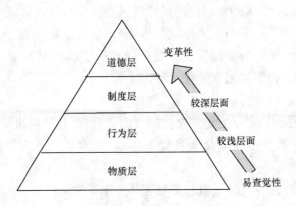

图4-19　组织文化层次结构

（1）物质层。

物质层，即组织文化在物质层面的体现和组织文化的物质载体。例如，实施装备质量管理活动的人员要素（人员素质等），支持装备质量管理活动的科技要素（信息系统等）。

（2）行为层。

行为层，即装备质量管理人员精神面貌或装备质量服务等装备管理质量形象的外在表现形式。例如，装备质量管理工作形象，在质量宗旨的指导下所开展的质量活动等。

（3）制度层。

制度层，主要涉及装备质量管理标准化体系、工作制度和质量评价、考核、激励等三方面内容。

（4）道德层。

道德层，即装备质量管理实践中形成的管理理念、质量价值观、质量发展观和质量道德观等。

4.5.2　组织文化形成

武器装备一体化质量管理，其基本组织方式是项目管理团队，这是一种松耦合的组织样式。组织文化发挥着重要的引导、协调、规范、激励和凝聚作用，将极大地提高武器装备一体化质量管理组织结构的自组织性。影响装备质量管理体系的组织文化形成与发展的因素有：一是组织文化的定位，即总体价值观念；二是组织的内外部环境，包括社会环境、法规政策环境、质量管理制度环境、人员状况、资源状况等；三是装备主管机关、领导的质量意识，及其对组织文化的重视程度。综合分析上述影响因素，本书构建了如图4-20所示的组织文化生成模式框架图[86,87]。

1. 组织文化定位

组织文化定位，是确定组织文化的方向和目标，是装备组织文化生成的宏观指导。武器装备一体化质量管理体系，其组织文化定位的主要工作包括：

一是明确武器装备一体化质量管理体系组织文化发展的总体方向；

二是确定武器装备一体化质量管理体系组织文化价值观，即组织文化理念、组织文化精神、组织文化原则、组织文化道德；

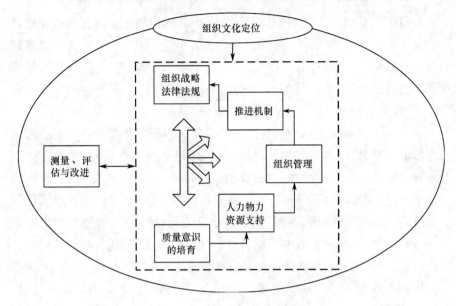

图4-20 组织文化生成模式框架图

三是制定武器装备一体化质量管理体系组织文化方针；

四是设定可测量的目标或指标，例如人员敬业度、制度执行率、工作差错率、人员参与率、人员满意度、使用方满意度等。

2. 组织文化生成的五个步骤

武器装备一体化质量管理体系，其组织文化表现为图4-19所示的四个层面。如何实现这四个层面的组织文化？本书设计了如下五个步骤：

步骤1：质量意识的培育。质量意识是装备质量管理体系组织文化的核心。因此，首先要培育质量意识。一是要在装备质量建设的决策层、管理层、执行层全面树立质量意识；二是要在装备质量管理过程中贯彻质量方针；三是要切实把部队装备使用需求作为质量管理的根本出发点。

步骤2：人力物力资源支持。这对应实现第一层面的组织文化要求。一是要充分运用各种载体进行组织文化建设；二是要将对组织文化的认识纳入到人员培养中，开展相关质量培训，拥有一定数量的注册质量工程师；三是要不断完善装备质量管理环境，加大装备质量管理活动科技要素支撑。

步骤3：组织管理。这对应实现第二层面的组织文化要求。一是建立武器装备一体化质量管理体系组织文化推进委员会，负责组织文化建设规划制定和资源配置；二是进行标准化、流程化装备质量管理，提升装备质量管理体系的有效性；三是在装备质量形成的全过程管理活动中输入组织文化要素，并贯彻执行。

步骤4：推进机制。这对应实现第三层面的组织文化要求。一是要构建教育培训机制，开展组织文化促进培训，包括强化质量意识、宣贯质量文化及提升质量能力的教育培训；二是要构建内部沟通机制，建立开放、有效的沟通平台，传播文化，营造氛围；三是要构建行为规范机制，包括体现人员职业道德的工作标准和行为准则，强化组织价值观、绩效观、道德观的奖惩机制，体现"质量第一"价值观并覆盖各级人员的质量责任机制；四是要构建人员士气促进机制，开展各种提升人员精神面貌的文化促进活动。

步骤5：组织战略与法律法规。这对应实现第四层面的组织文化要求，是高效的组织文化中的自我提升阶段，在战略、法制的规范下装备质量管理人员达到自觉践行职责的程度。

3. 测量、评估与改进

建立组织文化评估机制，评估组织文化总体成效，进一步提升组织文化层次。一是定期收集组织文化有关数据和信息；二是评估组织文化建设绩效结果，并与组织文化建设预期进行对比分析；三是依据分析结果，提出改进举措。

综上所述，上述各步骤并非是独立的，正如图4-20所示，每一个步骤都是组织文化提升的过程，各个步骤是互通共融的，是彼此促进的，通过测量、评估与改进，实现装备质量管理体系组织文化的螺旋式发展。

4.6　本 章 小 结

本章主要研究了武器装备质量管理体系一体化建设的组织结构设计，这是武器装备质量管理体系一体化建设的重要内容之一。本章在系统分析武器装备一体化质量管理组织的结构性特性和关联性特性的基础上，研究设计了武器装备一体化质量管理体系的组织框架，建立了武器装备一体化质量管理组织平台，提出了推进武器装备一体化质量管理体系组织文化建设的方法步骤。图4-21为本章各节间的逻辑关系示意图。

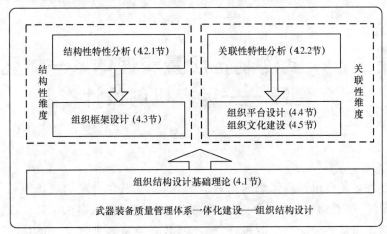

图4-21 第4章各节间的逻辑关系

第 5 章 武器装备质量管理体系—体化建设——运行机制设计

　　促进装备质量管理体系的高效运转,除建立科学合理的装备质量管理组织系统,还必须有与之相配套的装备质量管理运行机制做保障。武器装备一体化质量管理运行机制设计,是武器装备质量管理体系一体化建设的重要内容。本章的研究内容主要涉及:一是依据武器装备一体化质量管理运行机理,系统分析运行机制的内容构成;二是依据管理机制设计理论,研究提出各项机制建设的方式方法。

5.1 武器装备一体化质量管理运行机制分析

5.1.1 内涵分析

1. 机制

　　"机制"一词来源于希腊文 Mēchanē,意指机器的构造和动作原理。机器是由一定的零部件构成的,各个零部件根据机械原理形成因果关系,相互联结,并按一定的整体运动的方式进行运转。因此,"机制"的原意是指机器运转过程中的各个零部件之间的相互联系、互为因果的联结关系及运转方式。后来,生物学和医学借用并发展了这一词,用以表示有机体内发生生理和病理变化时,其生命系统内各个器官之间的相互联系、作用和调节方式。进入20 世纪中叶,社会管理学家将"机制"一词广泛地应用到社会科学管理领域,先后出现了如"国家安全管理机制"、"社会保障管理机制"、"企业管理运行机制"、"经济协调发展机制"等。并且深刻认识到,社会科学领域的发展进步和生命机体的自适应机制一样,具有其固有的社会内在自适应性,不仅体现在事物主体内部的主观因素,而且取决于不同主体所处环境的相互作用、相互联系和相互促进,这种自适应的运行过程,表现出了内在自身发展规律与处在客观发展规律的自主调节与适应[88]。

2. 武器装备一体化质量管理运行机制

武器装备一体化质量管理体系,同样是一种实施装备质量管理的有机整体,毫无例外地与社会发展进步中自适应机制一样,具有其内在的适应性。因此,在实施武器装备一体化质量管理运行过程中,其内部各个要素之间,以及与外部各种客观条件之间随着相互作用关系、作用方式、作用程度的不断变化适时自主调节、自我纠偏,使武器装备一体化质量管理处于良性运行状态之中。所以,充分认知武器装备一体化质量管理的内在特性,找出武器装备一体化质量管理各种制约关系,引导装备质量管理始终处于健康有序的运行状态,正是武器装备一体化质量管理运行机制建设的目的所在[89]。

武器装备一体化质量管理运行机制,是指存在于武器装备一体化质量管理体系之中的协调各部门、各环节之间的作用关系,引导和控制装备质量管理活动有序运转的内在力量和耦合关系。

5.1.2　功能分析

本书第 2 章全面分析了武器装备一体化质量管理体系的运行机理。研究认为,武器装备一体化质量管理体系的运行须依托三大回路,即过程管理回路、人的行为回路、信息管理回路,形成物质流、意识流、信息流。因此,运行机制应表现出高度的调节功能,引导、控制、促进物质流、意识流、信息流的高效流动。

1. 导向功能

管理实质上是使管理对象在管理运行机制的引导下向管理者所预定的目标运动。这种导向的方式表现为两个方面。一是正向的激励。当一定的行为主体(装备质量管理体系中的机构或个人)的行为符合系统设定的目标时,就会受到某种激励,而且与目标越接近,所受到的激励就越强。二是反向的约束。当一定的行为主体的行为背离系统设定的目标时,就会受到某种约束,而且与目标越远,所受到的约束就越强。综合而言,导向的功能主要是针对行为主体的。

2. 监控功能

监控功能其实也是一种制约功能,但其针对的是管理客体和管理对象,贯穿于武器装备质量形成的全寿命过程。在装备质量管理体系的运行过程中，监控功能既要实时发挥，也要有的放矢，不能影响管理客体和管理对象的正常运行。

3. 协调功能

所谓协调功能，是指系统本身所固有的不断协调外部系统、内部子系统或诸要素彼此间的关系以消除紊乱，并向新的有序方向发展的自组织功能。这种协调的方式表现为与外部的协调，内部同级子系统间的协调，以及子系统内部要素间的协调。

5.1.3 构成分析

武器装备一体化质量管理运行机制的构成，是指武器装备一体化质量管理运行机制要发挥其应有功能所必不可少的组成部分，各组成部分通过一定的结合方式，构成了与武器装备一体化质量管理运行机制建设要求相适应的运行机制内容系统。

1. 武器装备一体化质量管理运行子机制

依据武器装备一体化质量管理运行机制的功能分析，为实现装备质量管理目标，武器装备一体化质量管理运行机制可分为激励约束机制、过程监控机制、综合协调机制、评价反馈机制等，它们都有各自的联系形式和活动方式。

激励约束机制，主要作用的对象是管理主体，在人的行为回路中发挥着积极的促进作用。它主要阐明了激励约束的对象、时机、目标、手段、以及实施方法等问题。

过程监督机制，主要作用的对象是管理客体，贯穿于过程管理回路的始终，实时把握物质流、意识流、信息流的运行状态，使装备质量管理活动和系统状态保持在计划规定的轨道上，是装备质量管理体系运行的重要保证。它主要阐明了监控的基本模式，即基于过程方法的装备质量管理监控机制。

综合协调机制，为信息交流开通或拓展了渠道，有利于理顺信息传递关系，提高装备质量管理体系内外部要素沟通的效率，是装备质量管理体系运行的重要基础。它主要阐明了协调的范围、内容、时机、方式方法等。

评价反馈机制，是实施闭环管理的基本手段，应用于过程管理回路、人的行为回路、信息管理回路，是装备质量管理体系内部物质流、意识流、信息流闭环流动的重要前提。它主要阐明了评价反馈的内容、时机、方式方法等。

2. 武器装备一体化质量管理运行机制相互关系

过程监督机制是促进装备质量管理体系高效运行的动力器,通过实时的监督控制,提高装备质量管理效能;综合协调机制是润滑剂,协调装备质量管理各个要素,提高装备质量管理信息流动的能力,提高装备质量管理人员获取信息的及时性和准确性;评价反馈机制是加速器,通过装备质量评价活动,取其精华,去其不足,二次提升装备质量管理效能;激励约束机制是助力器,通过持续的激励,以及有效的问责,激发参与人员的积极性、主动性、创造性,切实推动装备质量管理效能有效发挥。通过过程监督机制、综合协调机制、评价反馈机制、激励约束机制的组合作用(图 5 - 1),形成武器装备一体化质量管理运行机制链,发挥机制链的耦合效应,推进装备质量管理效能的持续提升。

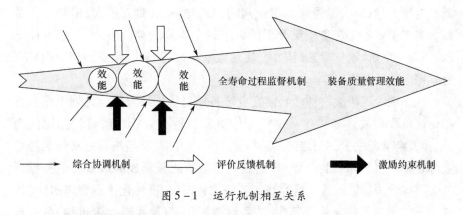

图 5 - 1　运行机制相互关系

5.2　武器装备一体化质量管理运行机制构建

5.2.1　综合协调机制

综合协调机制的设计问题,实质上是冲突管理问题。造成体系失调的原因主要包括三个方面:一是组织的静态结构,即静态设计不合理,不完善,缺乏横向联系的机构和人员,或者机构设置、职权关系本身存在缺陷等;二是动态运行因素,即信息沟通渠道不畅通、甚至缺失,或者工作流程不合理等;三是人际关系因素,即装备质量管理参与部门人员、尤其是主管人员的人际关系不协调,就会导致协调受阻;以上这些均阻碍了信息的有效沟通以及军方管理部门的快速反应能力。综合协调机制的建立与健全,就是要解决提高系统运行效率的问题[90]。

1. 协调内容

武器装备一体化质量管理综合协调内容主要体现在三个维度上,即组织维度、过程维度、专业维度[91]。在三个维度上协调,并非是孤立的,它们之间存在着协调内容的相互交叉。

1) 组织维度

所谓组织协调,是指全寿命周期装备质量管理活动参与各方之间的相互作用。这种组织协调可分为两类:一类是具有合约关系的组织协调;另一类是不具有合约关系的组织协调。存在合约关系的组织,它们之间主要通过合同进行协调。但在全寿命周期装备质量管理活动中,没有合同制约关系的组织大量存在,加强这类组织间的沟通与协调,难度很大,但却至关重要。本书主要考虑装备质量管理的以下四个寿命周期阶段,即立项论证阶段、研制生产阶段、试验鉴定阶段、使用维修阶段。因此,组织协调的内容围绕这四个阶段分析[92]。

在立项论证阶段,一方面,要完成装备质量管理综合集成计划工作和立项论证阶段集成计划工作。这项工作协调的重点应放在项目管理团队内部,及其与装备主管部门之间的协调上。另一方面,要组织形成武器装备立项综合论证报告和研制总要求,这是武器装备质量形成的最重要的基础环节。其综合协调的问题主要存在于装备主管部门、模块化项目管理团队(或专业采购中心)、装备使用部门、装备试验鉴定部门、军事代表机构、装备承研承制单位之间的界面管理问题。这项协调工作的重点应放在项目管理团队与项目各主要参与论证方的职责界面划分、衔接与协调方面,确保界面信息传递及时、通畅,以提高项目论证质量为目标[93]。

在研制生产阶段,主要包括初样设计、试样设计、设计定型、生产定型、批量生产等重要工作。这一阶段主要涉及项目管理团队、军事代表机构、装备承研承制单位之间的协调,这是协调问题出现数量最多、频率最高的阶段。这一阶段的一个重要特点就是履约协调。项目管理团队、军事代表机构与装备承研承制单位之间属于合约关系,因此,诸多协调关系是建立在合同的基础上的。这一阶段协调工作的重点应放在合同界面管理上,采取动态控制、主动控制、事前控制的手段解决协调管理问题。

在试验鉴定阶段,主要包括初样设计试验、试样设计试验、生产定型试验等重要工作,这一阶段的工作实际上是与研制生产阶段的工作是交叉进行的。这一阶段主要涉及项目管理团队、试验鉴定部门以及其他相关部门之间的协调。目前,武器装备的科研试验任务由总装各试验基地和军兵种试验基础承担,因此,这种组织协调较之与承研承制单位之间的协调具有其特殊性,是军队组织部门间的协调,是内部协调的一种。这一阶段协调工作的重点应放在与试验鉴定部门的沟通和配合上。

在使用维修阶段,主要包括装备使用期间装备状态的跟踪、装备维修等内容。这一阶段虽然处于装备质量管理的末端,但其界面影响因素存在于整个武器装备质量形成的各个阶段,并形成诸多界面。基于使用期间的装备状态跟踪,构成与前期装备论证、研制、生产阶段的协调反馈,促进装备质量增值,是这一阶段装备质量管理协调的重要目标。另一方面,装备维修也是这一阶段的重要工作内容,其主要涉及项目管理团队、装备使用单位、装备维修部门、装备承修单位之间的协调。

2)过程维度

装备质量管理全寿命周期四个阶段构成四个子系统,各个子系统之间相互作用,形成了多个界面。这些界面是由装备质量管理过程中产生活动之间的交互作用产生的,是装备质量管理过程的函数,称其为过程协调。全寿命周期装备质量管理的过程协调是至关重要的。在全寿命周期过程中,上一子系统对于其后的各子系统在管理上起着决定性作用,这种影响关系必须谨慎处理,否则会造成错误累加,带来的直接后果就是"拖进度、涨费用、降质量"。

过程协调的边界不仅仅存在于四个子系统之间,通常位于技术、区域、时间、组织的间断点。在全寿命周期中,主要间断点,如四个阶段之间的间断点,以及各阶段主要系统之间的间断点等。这些间断点是协调的重要内容,同时也是评价反馈的重要时机,这将在下面的研究中具体阐述。

3)专业维度

装备质量管理体系内部及其管理对象涉及不同专业系统,各专业之间需要进行相互协调、密切配合,以满足装备质量建设需要,充分发挥装备质量管理的最大效能。因此,这种多学科专业之间的协调和匹配问题称为专业协调。例如,财务、工程保障、监理等专业之间的协调配合问题等。

综合而言,无论是组织协调、过程协调,还是专业协调,本质上依然是人与人之间的协调。因此,其协调方法的探讨必须搞清人与人之间的关系。

2. 协调方法

1）协调关系

综合协调方式的设计,取决于各协调方之间互赖关系。本文在对Thompson[94]关于协调关系研究的基础上,总结了如下三种协调依赖关系,如图5-2所示。

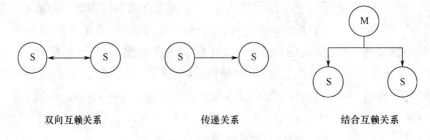

双向互赖关系　　　　　　　　传递关系　　　　　　　　结合互赖关系

图5-2　协调依赖关系

M—管理者;S—子系统。

双向互赖关系(A):子系统彼此间相互调整的协调模式。这种协调关系既可以是同一系统内部,也可以是不同系统之间,其不具备指令性调整的条件。

传递关系(B):子系统间基于标准化调整的协调模式。这种协调关系既可以是同一系统内部,也可以是不同系统之间。

结合互赖关系(C):子系统间基于指令性调整的协调模式。这种协调关系一般是指同一系统内部的不同子系统之间,具有隶属关系。

2）协调方式

依据上述协调关系,可采取多种协调方式进行协调[95-98]。

(1)"非结构性"协调方式。

不改变组织结构,只是改变、完善组织运行的规则与形式,在采用非结构性方式进行协调的时候,要注意区分常规性工作与例外性工作。对常规性工作,可采取的协调方式有:

① 大力推行标准化质量管理,提高管理规范化水平。

工作流程标准化,对执行相关任务的人员规定明确的工作流程,从而实现协调;

技能标准化,不同工作之间的协调通过对员工进行相关技能的培训得以解决;

产出标准化,通过如目标管理等手段对不同工作的结果做出事先规定。

② 健全例会制度。

③ 执行会审会签制度。

对例外性工作,可采取的协调方式有:

④ 跨部门直接沟通方式。

⑤ 领导直接监督方式。

⑥ 现场办公方式。

(2)"结构性"协调方式。

调整组织结构的协调方式。这里的调整组织结构只是局部性增设组织机构,并非变革组织模式,不改变原有组织管理体系。

① 设置联络员。

② 组织临时性的任务小组或委员会。

③ 建立长期性的任务小组或委员会。

④ 设置专职协调部门。

图 5-3 为协调方式综合示意图。

5.2.2　过程监督机制

过程监督机制,就是武器装备质量形成的全过程进行监督,切实加强立项论证、研制生产、试验鉴定、使用维修等各个环节的监督控制,搞好全寿命周期质量管理的无缝链接,建立的连续、稳定、规范的全过程一体化质量监督运行系统。

1. 过程监督机制的基本模式

装备质量监督工作"点多、面广、线长",呈现出鲜明的复杂性、系统性、过程性特征。如何在全寿命周期内实施"无缝链接式"的装备质量监督工作,是武器装备一体化质量管理运行机制建设的重要内容。本书综合运用现代质量管理理论与方法,参照 ISO9000:2000 标准中基于过程的质量管理

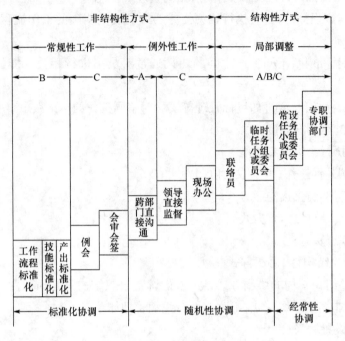

图 5 - 3　协调方式

体系模式[99]，构建了如图 5 - 4 所示的基于过程的装备质量监督管理模式[100 - 103]。

图 5-4 所表达的意义如下：

（1）装备质量监督工作的根本目的是确保实现装备使用方的满意。因此，装备质量监督方依据装备使用方（和其他相关方，如装备主管部门等）输入的要求来计划、组织与实施装备质量监督工作，并将装备输出给装备使用方（和其他相关方，如装备主管部门等），而装备使用方等将自己对组织装备质量监督工作结果的满意情况反馈回来，这些活动构成了一个装备质量监督工作供应链，由装备主管部门、装备质量监督部门、装备使用方构成。

（2）组织内部的过程形成了装备质量监督运行机制系统，该系统由装备质量监督职责、装备质量监督资源、装备质量监督业务实现、装备质量监督测量、分析和改进 4 个过程构成。其中，装备质量监督业务实现为主过程，其他均为支持过程。这 4 个过程按照黑色箭头方向循环运转。

（3）关于装备质量监督业务实现这一主过程，又可细分为立项论证、研

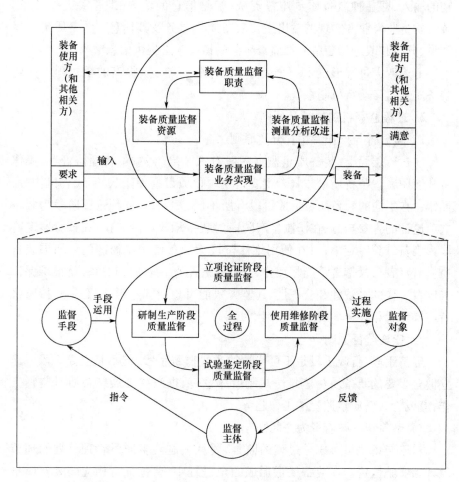

图5-4　过程监督的基本模式

制生产、试验鉴定和使用维修4个子过程。在各个子过程内部,监督主体运用多种监督手段,对监督对象进行质量监督,其最终输出的结果就是武器装备。

　　(4)装备质量监督职责的输入是装备质量监督测量、分析和改进,装备质量监督机制运行绩效,相关方满意度情况等信息,进而形成新的装备质量监督承诺、方针、计划和要求等。装备质量监督资源的输入是装备质量监督职责,主要是根据装备质量监督职责合理配置资源。装备质量监督资源的输出是资源的实物。装备质量监督业务实现的输入包括两个方面:一是实物的输入,即各种装备质量监督资源;二是信息的输入,即相关方的要求。装备质量监督业务实现的输出主要装备质量服务及其信息。装备质量监督测量、分析和改进为装备质量监督机制的持续改进提供信息输入。

上述四大过程形成了一个闭环、不断循环、改进、提高的全过程一体化装备质量监督运行机制系统。

2. 过程监督机制的设计原则

1)监督者与操作者相互分离原则

在执行层面上,装备质量监督一般有三个当事主体:管理监督者、操作者和使用者。装备质量监督者主要是模块化项目管理团队、军代表机构等,操作者在不同的装备质量形成阶段有所不同,例如,在立项论证阶段为装备立项论证的各参与方;在研制生产阶段为装备承研承制单位;在试验鉴定阶段为装备试验鉴定单位;在使用维修阶段为装备使用维修部门。如果装备质量监督者与操作者不能相互分离,彼此之间存在着依赖关系,就很难保证其监督工作的客观性和公正性,其监督效能可想而知。因此,必须坚持监督者与操作者相互分离的基本原则[104]。

2)依法监督原则

经济手段、行政手段是不可或缺的质量监督手段,但不是主要手段。建立健全必要的装备质量监督法规制度体系,依据法律开展装备质量监督工作,应成为装备质量监管的工作趋势。

3)事前和事中监督为主原则

对于装备质量形成全过程的监督,要从编制装备质量管理计划的环节就开始实施监督。在装备质量形成的全过程中,要保证有相应的装备质量监督力量参与装备采办全过程,注重"防"和"堵",使监督的关节点前移,尽量不要把监督力量放在事后的"查"和"罚"上。

3. 过程监督机制内容构建

依据上述过程监督机制设计的基本模式和原则,建立装备质量形成全过程监督机制应从以下两个方面着手[105,106]。

1)建立健全装备质量管理日常监督制度

日常监督是发挥装备质量管理体系监控功能的重要手段。由于现代装备从立项论证直至退役报废,涉及众多环节、诸多单位部门,因此,为保证装备质量形成全过程整体受控,在模块化项目管理团队(或专业采购中心内部项目管理小组）授权下的军事代表机构的领导下，质量监督人员从系统的角度开展日常监督，促使装备质量管理体系顺畅、高效运行。

日常监督贯穿于装备质量管理的全寿命过程，这种常态化的监督工作主要由军事代表机构负责完成。监督方式主要包括现场检查验证、系统分析和纠偏改进等。在全寿命周期的各个阶段，在日常监督实施前，军事代表依据装备质量管理计划，拟订日常监督实施细则，进一步明确监督的目标、重点、标准和要求等，执行监督计划。日常监督过程中，如果发现有与合同要求、质量监管目标不一致的地方，应进行合格性确认。如果是一般不合格项，可口头通知被监管单位相关质量管理部门。当口头纠正无效或者一般不合格项较多时，应向被监管单位相关质量管理部门发布不合格项报告，督促其及时采取纠正措施。如果纠正措施有效，则进一步督促和落实。反之，则责成相关部门进一步修改和完善纠正措施。对于严重不合格项，应书面通知被监管单位主管部门，限期进行整改，并上报总军事代表。

图 5 - 5 为装备质量管理日常监督的基本程序。

2）建立健全装备质量管理关节点定期监督制度

定期监督是有组织、有计划并按照一定时间段对装备质量建设全过程参与要素进行监视、检查、验证、分析，督促装备质量建设参与者提供装备质量管理能力的一系列活动。定期监督一般依据装备质量管理计划，按照装备质量形成的各个关节点和里程碑节点，安排装备质量管理监督的时间，组织实施装备质量管理监督。

图 5 - 6 为装备质量形成全过程关节点监督的主要内容。

表 5 - 1 为装备质量形成全过程关节点监督的主体、对象及反馈[107]。

表 5 - 1　关节点定期监督主体、对象及反馈

阶段划分	主体	对象	监控点	监督方式	反馈环节
立项论证	• 模块化项目管理团队	• 以装备使用方、承研方为主的需求论证团队	• 综合论证报告 • 研制总要求	事中—事后控制	模块化项目管理团队 ↓ 关节点质量监督团队 ↓ 装备采购主管部门

（续）

阶段划分	主体	对象	监控点	监督方式	反馈环节
初样设计	• 模块化项目管理团队 • 军事代表机构	• 初样设计部门 • 初样设计试验单位	• 初样设计质量管理计划 • 初样设计试验 • 初样设计审核	事前—事中控制 事后控制	军事代表机构 ↓ 模块化项目管理团队 或者 军事代表机构 ↓ 模块化项目管理团队 ↓ 装备采购主管部门 或者 模块化项目管理团队 ↓ 装备采购主管部门
试样设计		• 试样设计部门 • 试样设计试验单位	• 试样设计质量管理计划 • 试样设计试验 • 试样设计审核		
生产定型		• 生产定型部门 • 生产定型试验单位 • 批生产	• 生产定型质量管理计划 • 生产定型试验 • 生产定型审核 • 批生产审批		
装备动用	• 模块化项目管理团队	• 装备使用单位	• 装备使用质量管理计划 • 后续作战试验 • 装备使用状态信息定期跟踪	事前—事中控制	模块化项目管理团队 ↓ 装备采购主管部门
装备维修	• 模块化项目管理团队 • 军事代表机构	• 军队维修部门 • 承制单位	• 装备维修质量管理计划 • 维修质量信息跟踪		军事代表机构 ↓ 模块化项目管理团队 ↓ 装备采购主管部门

5.2.3　评价反馈机制

武器装备一体化质量管理评价反馈机制是指：模块化项目管理团队依据有关计划、规定，运用预测、分析、评估等科学理论、方法和手段，对武器装备全寿命过程中关节点进行专业化咨询和评判，并通过反馈环节进行信息回馈，为相关部门提供决策依据和信息支撑[108]。武器装备一体化质量管理评价反馈机制呈现以下几大特点：

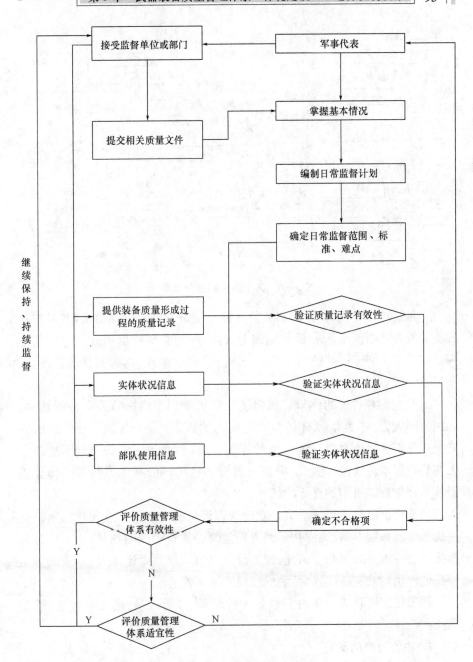

图 5-5　日常监督程序

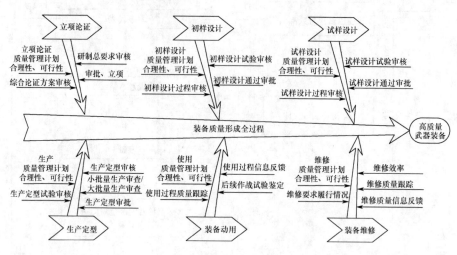

图 5-6　关节点定期监督内容

是系统性、全局性。武器装备一体化质量管理评价反馈机制,是在对装备质量管理系统全面分析的基础上,建立起的装备质量形成全过程管理评价体系。不同于以往的"局部式、随机式"评价模式,具有明显的系统性、全局性特征。

二是突出对管理的评价。武器装备质量受到多重影响因素的制约,可归纳为两大类:一类是原材料与工艺技术的因素;另一类是人与管理的因素。以往更加注重对第一类因素的评价分析,然而诸多装备质量问题却是人与管理因素造成的。因此,突出对管理因素的评价是武器装备一体化质量管理评价反馈机制的重要特征。

三是评价后建立反馈渠道。质量管理评价的根本出发点和最终落脚点是提示装备采购方、管理方和承制方当前装备质量管理的现状,进而促进装备质量管理水平的提高。因此,建立健全评价后反馈渠道,才能真正发挥出评价的作用与效能,推进装备质量管理体系高效运转。

评价反馈机制的主要内容包括评价时机、评价人员、内容及方法、反馈回路的设计。

1. 评价时机的确定

装备质量管理评价时机实质上与装备质量监督的过程密切相关,一般在关键的装备质量监督环节,必须进行相应的评价反馈工作。因此,本书将评价时机的确定问题转化为关节点的选取问题。大致来说,关节点可区分为重要关节点和一般关节点两种。在对过程监督机制的研究中,本书设计了关节点定期监督机制,对装备质量形成全寿命周期的关节点进行了一定的阐述,但并没有进行系统的理论分析。因此,本节将做详细探讨。本书认为,质量活动被选择为关节点应满足以下几个条件:

(1) 它对武器装备结果质量的提高具有重要贡献;

(2) 它与同一寿命周期阶段的其他活动相比,处于决定、主导和支配地位;

(3) 它应当体现出寿命周期该阶段活动的关键特征和进展程度;

(4) 它应当具有可度量性和可评估性;

(5) 它应当数量有限。

对于重要关节点,本书认为它应满足全部 5 个条件,这样的关节点亦即里程碑节点。而一般关节点,它应至少同时满足条件(3)、(4)、(5)。依据专家经验,综合考虑装备质量形成全过程的重要活动事项,以及关节点确定的原则条件,基于专家综合判断法,本书研究给出了装备质量管理评价关节点[109]:

重要关节点:研制总方案的评审与审核(A)、设计定型的评审与审核(B)、生产定型的评审与审核(C)。

一般关节点:需求论证(a)、初样设计(b)、试样设计(c)、工艺定型(d)、装备部署(e)、装备售后服务(f)。

注:重要关节点的设置既符合按照项目进展逻辑顺序的要求,又符合按照控制项目资源投入的要求[110]。

2. 评价人员、内容及方法

在确定装备质量管理评价时机之后,就需要回答"谁来评、评什么、怎么评"的问题。"谁来评"实质上就是要明确评价的人员和机构问题;"评什么"实质上是解决评价的内容和对象问题;"怎么评"实质上是解决评价的方式和方法问题。

评价人员和机构是装备质量管理评价行为的主体,它们从事装备质量管理评价活动并承担相应的责任。根据 4.3.4 节关于关节点质量监督团队和项目管理团队节点监督与评审范围要求,依据武器装备的重要程度,评定装备质量管理评价的级别,按要求组织装备质量管理评价的人员和机构[111,112]。评价人员和机构的组织方法如表 5-2 所列。

表 5-2　评价人员和机构的组织方法

选择标准		组织机构	人员构成
装备重要性	节点重要性		
一般或重要武器装备系统	一般关节点	模块化项目管理团队	依据评价内容,在对应组织机构的负责下,组建由相关领域专家、装备使用方、军事代表等多方参与的评审团队
	重要关节点	关节点质量监督团队	
重大武器装备系统	一般关节点		
	重要关节点	总装备相关业务主管部门	

　　评价内容及方法是装备质量管理评价的关键。依据装备质量管理评价的时机,可以研究确定评价的内容,同时选择评价的方法[113-115]。

　　重要关节点的评价内容和方法如表 5-3 所列。

表 5-3　重要关节点的评价内容和方法

序号	评价内容		评价标准	评价方法
A	武器装备研制总方案	(1) 作战使用性能评审(需求分析、作战任务、系统组成、主要作战性能、进度周期要求、关键技术可行性分析、效能分析)		(1) 主观评价法(直觉法、专家调查法、德尔菲法、层次分析法)
		(2) 战术技术指标评审(作战任务、对象和使用环境、主要作战技术指标要求确定的原则、技术先进性及可行性分析、效能分析、风险评估、费用估算、周期进度、任务组织实施的措施和建议)	(1) 适用性; (2) 先进性; (3) 可行性; (4) 科学性; (5) 难易性; (6) 符合性; (7) 完整性; (8) 正确性	(2) 客观评价法(加权分析法、回归分析法) (3) 定性和定量相结合评价法(模糊综合评判法、聚类分析法、物元分析法、人工神经网络法、参数效能法、试探性建模与分析方法)
		(3) 总体技术方案评审(论证依据、主要指标计算及实现的可能性、系统组成和总体部署的合理性、方案满足主要战术技术指标和使用要求的程度、所选方案的先进性与可行性以及关键技术成熟程度、集成技术和新技术采用比例、通用化、系列化、组合化程度、保障条件要求)		(4) 本文采用集对分析方法

（续）

序号	评价内容		评价标准	评价方法
A	武器装备研制总方案	（4）研制总要求评审（需求分析、作战任务、作战对象、国内外同类武器的现状和发展趋势及对比分析、系统组成及初步编配方案、主要战术指标要求确定的原则、主要指标计算及实现可行性、所选方案的先进性、可行性和经济性、继承技术和新技术采用比例、关键技术成熟度、保障条件要求、各分系统的主要战术技术指标的先进性、可行性和协调性、总经费预测及方案阶段经费预测、费效分析的合理性及可信性、周期进度、分工建议）	（1）适用性； （2）先进性； （3）可行性； （4）科学性； （5）难易性； （6）符合性； （7）完整性； （8）正确性	（1）主观评价法（直觉法、专家调查法、德尔菲法、层次分析法） （2）客观评价法（加权分析法、回归分析法） （3）定性和定量相结合评价法（模糊综合评判法、聚类分析法、物元分析法、人工神经网络法、参数效能法、试探性建模与分析方法） （4）本文采用集对分析方法
B	设计定型	（1）试制试验评审（主要考核装备的战术技术性能指标）	以《研制任务书》和《研制合同》的要求为标准	
		（2）部队试用评审（主要考核装备的作用使用性和部队适用性）		
C	生产定型	（1）试生产装备和生产条件鉴定	（1）具备成套、批量生产条件，质量稳定； （2）装备性能符合批准设计定型的要求和作战要求	
		（2）部队试用工作情况报告		

注：设计定型、生产定型的审查工作由军工产品定型委员会负责组织。

一般关节点的评价内容和方法如表5-4所列。

表5-4　一般关节点的评价内容和方法

序号	评价内容	评价标准	评价方法
a	需求论证报告	同重要关节点（A）	同重要关节点的评价方法
b	初样设计	同重要关节点（B）	
c	试样设计		
d	工艺定型		

（续）

序号	评价内容	评价标准	评价方法
e	装备部署方案	符合 GJB 3916A—2006、GJB 1181—1991、GJB 1443—1992 要求①②③	同重要关节点的评价方法
f	装备售后服务质量	（1）技术培训;（2）技术资源提供;（3）零备件提供;（4）质量问题处理;（5）信息收集与处理	

3. 反馈回路的设计

装备质量管理评价的目的是为装备使用方、管理方提供装备质量信息,继而提高装备质量管理效能。因此,装备质量管理评价信息的准确、及时反馈至关重要。表5－5为反馈回路的设计表。

表5－5 评价信息反馈回路

节点	装备类别	反馈回路
A	重大	总装备部相关业务主管部门——→中央军委/总装备部 ↓ 模块化项目管理团队(军代表)/使用方/论证方
A	一般/重要	关节点质量监督团队——→总装订货业务机关/军兵种装备部 ↓ 模块化项目管理团队(军代表)/使用方/论证方
B/C	重大	总装备部相关业务主管部门——→中央军委/总装备部 ↓ 模块化项目管理团队(军代表)/承研方/试验方
B/C	一般/重要	关节点质量监督团队——→总装订货业务机关/军兵种装备部 ↓ 模块化项目管理团队(军代表)/承研方/试验方
a	重大	关节点质量监督团队——→总装订货业务机关/军兵种装备部 ↓ 模块化项目管理团队(军代表)/使用方/论证方

---

① GJB3916A—2006 装备出厂检查、交接与发运质量工作要求。
② GJB1181—1991 军用装备包装、装卸、贮存和运输通用大纲。
③ GJB1443—1992 产品包装、装卸、运输、贮存质量管理要求。

（续）

节点	装备类别	反馈回路
a	一般/重要	模块化项目管理团队——>总装/军兵种装备部业务主管部门 ↓ 军代表/使用方/论证方
b/c/d	重大	关节点质量监督团队——>总装订货业务机关/军兵种装备部 ↓ 模块化项目管理团队（军代表）/承研方/试验方
b/c/d	一般/重要	模块化项目管理团队——>总装/军兵种装备部业务主管部门 ↓ 军代表/承研方/试验方
e	重大	关节点质量监督团队——>总装订货业务机关/军兵种装备部 ↓ 模块化项目管理团队（军代表）/承制方/使用方
e	一般/重要	模块化项目管理团队——>总装/军兵种装备部业务主管部门 ↓ 军代表/承制方/使用方
f	重大	关节点质量监督团队——>总装订货业务机关/军兵种装备部 ↓ 模块化项目管理团队（军代表）/论证方/承研承制方/使用方
f	一般/重要	模块化项目管理团队——>总装/军兵种装备部业务主管部门 ↓ 军代表/论证方/承研承制方/使用方

注：右指箭头所指向的单位为上报、审批单位，为清晰表明评价后的信息流向，本书也将其列入反馈回路之中

5.2.4　激励约束机制

装备质量管理的激励约束机制，是指为提高装备质量管理效能，而采取的激发和约束装备质量管理人员行为的管理手段，并"硬化"为能长期作用、影响人员思想行为的激励约束标准和程序[116]。

1. 激励约束的作用

图 5-7 表明，激励约束的对象与管理目标相一致的行为同时受到激励

产生的拉力和约束产生的推力的作用。另外,激励约束对象偏离管理目标的行为受到约束力的限制。激励与约束所解决的问题不同,前者主要解决激励约束对象工作热情、积极性、创新性不足的问题,发挥其潜能努力工作;后者则侧重解决行为方向的问题,保护管理系统的根本利益。

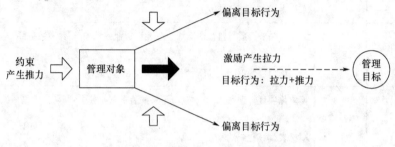

图 5 – 7　激励约束的作用

2. 装备质量管理激励约束的对象分析

装备质量管理激励约束的对象与装备采购激励约束的对象是有所区别的。装备质量管理激励约束的对象是指对从事装备质量管理工作的人员所进行激励约束,进而提高其质量管理工作的积极性、主动性和创造性。而装备采购的激励约束是一个大的概念,既有对采购主体的激励约束,更多的是对采购客体和环境的激励约束,进而确保装备研制生产进度,降低装备费用,提高装备质量。激励约束的方式也有所不同,包括市场竞争、价格、信用等激励约束方式。对于武器装备一体化质量管理体系而言,激励的对象包括:①项目管理团队;②军事代表;③装备试验单位;④装备使用单位;⑤装备维修单位。约束的对象包括:①装备采购主管部门;②项目管理团队;③军事代表;④承研承制单位;⑤承修单位。

3. 装备质量管理激励约束机制的设计

激励约束机制的设计内容取决于激励约束的基本形式。激励的基本形式主要包括两种。一是报酬激励,涉及物质上的和精神上的。物质报酬主要是指工资、资金、休假等。精神报酬主要是指各种形式的晋升、表扬和荣誉等。二是理想激励,主要是指通过有针对性的理想教育和思想政治工作,树立典型、标兵等榜样,激发人员工作热情的一种激励形式。约束的基本形式主要包括两种。一是规范约束,主要是指通过法律规范来约束质量管理人员行为的一种约束形式。二是处罚约束,通过批评、处罚等纠正被管理者错误行为的一种约束形式。

综合所述,对于武器装备一体化质量管理体系而言,应更加注重装备质量管理组织系统的激励约束,提高其质量管理的效能。因此,对照激励约束的基本形式,第一,应在报酬激励上做文章。模块化项目管理团队(专业采购中心)采用的是矩阵式组织管理模式,具有双重领导的典型特征,如何提高项目管理团队内部成员的工作积极性是一个重要课题,因此,合理运用报酬激励的方式提高其工作效率具有重要意义。第二,应在处罚约束上做文章。在装备质量形成的全过程中,由于缺少明确的质量责任,导致装备质量问题难以有效追溯,互相推诿、扯皮现象严重。因此,必须在责任追究制度建设上求突破。第三,关于规范约束,主要是通过制订法律法规来确保质量管理有法可依,这部分内容仅作为重要课题提出,但不做深入探讨,在开篇1.5.1 小节中关于本文研究范畴已做明确界定。

1) 将项目管理团队成员工作纳入年度绩效考核

项目管理团队是一个临时性的组织机构,其成员由行政单位的各个职能部门抽调而来。这种矩阵式的组织管理模式,有利于横向的沟通与联系,但也存在一定的弊端,即如何提高成员的积极性和主动性。一方面,组成人员受到双重领导的制约,要解决本职工作与项目管理的内在矛盾;另一方面,长时间脱离本职工作岗位,个人的成长进步必然受到影响,导致参与项目管理的积极性不高,甚至不愿被抽调到团队中来。因此,应建立如下机制:第一,将项目管理团队成员工作纳入到年终评功评奖、个人行政或专业技术职务晋升中来,建立公正、合理的"参与项目管理"和"个人成长进步"挂钩机制;第二,建立科学、可行的参与项目管理人员遴选机制,切实杜绝出现"甩包袱"、"应付了事"的现象。

2) 建立适宜高效的考评奖惩机制

(1) 对项目管理团队、军事代表、装备试验、装备使用、装备维修等质量管理人员工作的考评奖惩[117]。第一,构建统一规范的武器装备质量管理人员奖励体系。依据奖励的主体设置国家、军队、军兵种和业务部门级的装备质量管理奖励;依据奖励的客体设置个人奖励和团体奖励;依据专业领域设置质量管理奖、创新奖、重大贡献奖等。第二,建立健全等级考核制度。依据绩效考核的结果,可将考核期内的工作情况划分为 A、B、C、D、E 五个等级。表 5-6 为考核等级说明。

表5-6　考核等级说明

考核等级	相关说明
A	工作成绩优异者,对装备质量管理工作做出了突出贡献
B	工作成绩良好者,能够较好地完成工作
C	工作成绩合格者,基本能够完成所属工作,应进一步了解人员情况,加以鼓励
D	工作成绩不合格者,不能履行其岗位职责,应按照规定予以警戒
E	工作成绩极差者,完全没有工作动力,应视情况予以处罚或降职

(2)对装备使用维修单位及个人工作的考评奖惩。第一,考评的方式。可借鉴国内外很多质量管理组织量化管理的做法,建立积分制度,即事先建立一套详细的奖惩规则,并冠以相应的积分,年底以总积分排名对各单位进行奖惩。第二,考评的要求。推行综合排名通报制度,注重奖惩的公平、公开、公正原则,强调"基于事实"的理念,评出先进。第三,奖惩的方法。一是与其他先进指标的评比挂钩,比如,装备使用维修质量管理体系建设落后者不能参加先进单位的评比,从而提高各单位对装备质量管理工作的重视程度;二是采取物质奖励和精神奖励相结合的方式,对于先进单位和个人应予以适当的物质奖励;三是设置装备质量管理的先进单位和个人奖励奖项。

3)构建行之有效的责任追究制度

依据装备质量形成全过程,可将装备质量管理责任追究体系划分为四个阶段,立项论证阶段、研制生产阶段、试验鉴定阶段和使用维修阶段。

表5-7为装备全寿命周期质量管理责任内容[118,119]。

表5-7　装备全寿命周期质量管理责任内容

阶段划分	主要环节	责任目标	责任人	责任范围
立项论证阶段	技战术指标论证技术方案论证研制总要求	统筹考虑技战术指标、可靠性、维修性、保障性、环境适应性等综合性能,确保方案可行、性能指标合理	论证主管部门/项目管理团队/使用单位	严重后果的,给予处分(警告、记过、记大过、降级、撤职、开除)。构成犯罪的,追究刑事责任

（续）

阶段划分	主要环节	责任目标	责任人	责任范围
研制生产阶段	初步设计详细设计	确保设计结果满足技术性能指标要求	项目管理团队/设计单位	（1）管理不善、工作失职；（2）质量事故隐瞒不报、谎报、延误报告；（3）试验中出具虚假试验数据；（4）不合格装备交付部队 依据情节严重程度,追究相应的行政责任、民事责任、刑事责任
	合同签订	确保合同的技术性能指标达到设计论证要求	装备主管部门/承制单位/使用单位	
	合同履行	确保装备研制与采购按时保质完成	项目管理团队/军事代表/承制单位	
试验鉴定阶段	设计定型试验生产定型试验	确保研制与采购的装备质量、技术指标符合合同和技术协议要求或批生产标准	装备主管部门/项目管理团队/军事代表/试验鉴定单位	
使用维修阶段	维护维修	维护维修管理、信息管理	项目管理团队/承修单位	
	动用使用	提高装备的使用率	使用单位	使用不当、管理不善、工作失职的,依据情节严重程度,追究相应行政责任

注:依据《武器装备质量管理条例》、《中华人民共和国产品质量法》等有关法律构建质量管理责任追究体系

5.3 本章小结

　　武器装备一体化质量管理运行机制,是组织实现装备质量管理预期目标的内在支撑,这是武器装备质量管理体系一体化建设的重要内容之二。本章界定了武器装备一体化质量管理运行机制的基本内涵,分析了武器装备一体化质量管理运行机制应实现的基本功能,研究了武器装备一体化质量管理运行机制的基本构成,并从综合协调机制、过程监督机制、评价反馈机制、激励约束机制等四个方面具体阐述了武器装备一体化质量管理运行机制的建设方法步骤。图5-8为本章各节间的逻辑关系示意图。

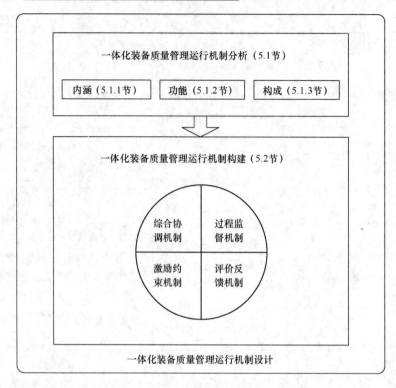

图 5-8　第 5 章各节间的逻辑关系

第6章 武器装备质量管理体系一体化建设——计划模型设计

装备质量管理计划,是装备质量管理工作的基本依据,武器装备一体化质量管理计划,主要由综合集成计划和阶段集成计划构成,是指导装备质量管理体系运行的指针,是武器装备质量管理体系一体化建设的重要内容。如何构建综合集成计划和阶段集成计划? 这是本章要回答的核心问题。本章主要涉及的研究内容包括:一方面,界定武器装备一体化质量管理计划的基本内涵;另一方面,建立武器装备一体化质量管理计划模型,提出武器装备一体化质量管理计划模型的实现方法,解决综合集成计划和阶段集成计划制定问题。

6.1 相 关 概 念

6.1.1 装备质量管理计划

装备质量管理计划,是对实现装备质量管理目标所采取的具有科学性、逻辑性、有效性和可操作性行动的系统安排,用于指导和调控装备质量管理资源要素的合理运用,是装备质量管理体系运行的指导性文件,对于提高装备质量管理水平具有重要意义。

6.1.2 武器装备一体化质量管理计划

武器装备一体化质量管理工作的计划方法,本文界定其为"武器装备一体化质量管理计划"。

武器装备一体化质量管理计划,是基于"全系统、全寿命"的质量管理理念,从系统全局、动态优化的视角出发,提出的符合武器装备质量管理体系一体化建设需求的装备质量管理计划新思路和新方法。它涉及装备质量管理全过程(立项论证、研制生产、试验鉴定、使用维修、退役报废)、全层次(决策层、管理层、执行层)、全员(军方、承研承制方、咨询机构等)的集成计划,是依据装备质量管理活动的配置关系所开展的一种全面性计划工作[120-122]。具体内容包括:

(1) 全过程集成计划。

全过程集成计划内容包括综合集成计划、阶段集成计划、计划变更与控制三个部分[123]。

综合集成计划,是对装备质量形成全过程管理活动的总体计划安排,是指导装备质量管理的宏观文件,具有战略指导意义。

阶段集成计划,是针对立项论证、研制生产、试验鉴定、使用维修、退役报废各个阶段制定的一套装备质量管理计划,是对综合集成计划在各个装备质量管理阶段的细化,其结果是形成五个计划工作包。具体包括(以论证阶段为例):①质量管理范围目录,如通用、专用质量特性设计要求等;②质量管理目标目录,如论证人员专业化、论证工作程序化、论证方法科学化、论证评审规范化等;③时间及逻辑安排;④力量安排;⑤实施方案及解决措施。

计划变更与控制,一是为提高阶段集成计划的实施绩效以弥补计划与实践之间的差距;二是项目各阶段间组织界面管理的重要内容(见3.3.3节)。计划变更与控制工作的具体内容包括:①变更与控制的时机;②变更与控制的方法。

(2) 全层次集成计划。

全层次集成计划内容包括:一是决策(管理、执行)层装备质量管理计划内容。①分析装备质量管理体系内外部(内部、单元内部)环境;②建立装备质量管理决策(管理、执行)目标体系;③制定装备质量管理战略规划(管理计划、执行计划)。二是各层次之间的高效沟通。①沟通计划,解决沟通需求问题;②信息传播,解决沟通渠道问题;③执行报告,解决沟通执行情况问题;④反馈总结,解决沟通效果问题。

(3) 全员集成计划。

全员集成计划是指,由装备质量管理参与者(装备主管部门、军事代表机构、装备论证部门、装备承研承制单位、装备试验部门、装备使用部门、政府部门以及相关咨询机构等),对于其不同要求和期望,按照装备质量管理效益最大化原则所做的集成计划工作。其内容包括:①全员参与;②参与各方的协作与制衡。

6.2 武器装备一体化质量管理计划模型设计

全过程、全层次、全员构成了武器装备一体化质量管理计划体系的三个维度。如何实现各个维度计划内容及其之间的有机集成，本书构建了基于定性与定量综合集成方法的三维一体装备质量管理集成计划模型。

6.2.1 设计原则

制定武器装备一体化质量管理计划，是一项复杂的系统性工作。既要考虑计划制定本身的基本要求，又要考虑集成计划的全局性，还要考虑军品质量管理计划特殊性。因此，本书认为，武器装备一体化质量管理计划应遵循以下原则。

1. 弹性和柔性原则

计划的安排应具有弹性和柔性特征[124]。一方面，要在关键环节上保持计划的可调节性，准备好可供选择的多种计划调节方案；另一方面，也要注重计划的滚动性实施，在某一阶段前几个环节计划应详实、具有可操作性，后几个环节应概略、具有预见性，以便根据装备研制生产环境的变化做出质量管理计划的修订调整。对于大型复杂武器装备而言，从立项论证到形成战斗力要经历较长的时间周期，质量管理问题持续存在。因此，应形成如下柔性计划体系，即基于预测为主的战略规划、基于案例推理的管理计划，以及基于事理的执行计划。

2. 核心成员为中心的集成计划原则

装备质量管理全过程、多层次集成计划，与一般性质量管理计划的本质差别在于其从系统全局的高度筹划装备质量管理问题，但并不意味着彻底改变阶段性计划的模式，而是应以某一核心阶段，以及某阶段的核心参与者为中心来集成计划网络。例如，军代表作为研制生产阶段的核心成员组织装备质量管理计划体系；研制生产阶段作为寿命周期的核心阶段成为计划集成的纽带。

3. 军方主导为原则

武器装备质量建设问题，事关国家安全和部队战斗力，与商业流通质量问题有着本质区别,不以具有核心竞争力者为主导。武器装备一体化质量管理计划的实施,要充分体现军方主导的基本原则。

6.2.2　模型构建

在综合分析武器装备一体化质量管理计划内涵的基础上,依据武器装备一体化质量管理计划模型的设计原则,本书设计了如图6-1所示的武器装备一体化质量管理计划模型[125]。

图6-1中,A表示综合集成计划和立项论证阶段装备质量管理集成计划制定的初始点。在该点主要从宏观战略层面概略制定综合集成计划,以及详细制定立项论证阶段装备质量管理集成计划。B表示研制生产阶段装备质量管理集成计划制定的初始点。在该点主要是调整综合集成计划,以及详细制定研制生产阶段装备质量管理集成计划。C表示试验鉴定阶段装备质量管理集成计划制定的初始点。D表示使用维修阶段装备质量管理集成计划制定的初始点。E表示退役报废阶段装备质量管理集成计划制定的初始点。C、D、E点的功能与B点相似,不再赘述。

综上所述,从A点到E点是武器装备一体化质量管理计划的全过程,是一个递阶式上升的过程,表明了装备质量管理计划在阶段性调整过程中的动态完善过程,也呈现了计划制定的实施步骤[126],即:①装备质量管理环境分析;②装备质量管理目标分析;③综合集成计划的制定;④阶段集成计划的制定;⑤计划的变更与控制。

6.3　武器装备一体化质量管理计划模型实现

6.3.1　环境分析

分析环境是建立目标体系的重要基础。随着装备采办过程的推进,在A、B、C、D、E点面临的装备质量管理环境将会发生改变。本书认为,在A点应着重分析全局环境(战略性,立项论证阶段属战役性),在B、C、D、E点着重分析阶段环境(战役性)。详细分析内容如表6-1所列。

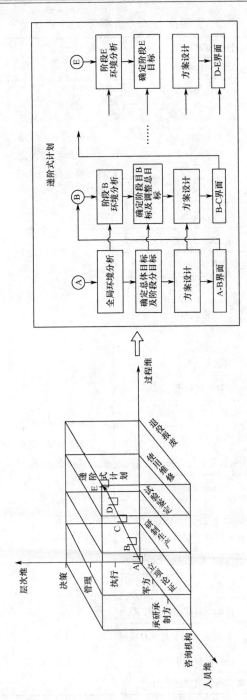

图 6-1　武器装备一体化质量管理计划模型

表 6-1 武器装备一体化质量管理计划环境

节点	环境分析要素		环境分析方法	环境分析特点
	一级指标体系	二级指标体系		
A	多方（军方、承研承制方、咨询机构）战略环境	组织结构	以定性分析为主，包括：直接查阅信息、填写调查表、座谈会、现场调查、信息系统检索等	决策层 全局性 长远性 纲领性 稳定性 综合性
		运行机制		
		方针政策		
		人力资源		
		技术资源		
		信息系统		
B	多方（军方、承研承制方、咨询机构）战役环境	论证质量管理体系	定性和定量分析相结合方法，包括：直接或间接调查法、集成研讨法、盲评法、SWOT 分析法等	执行层 局部性 中短期 指导性 灵活性 具体性
		论证质量方针、目标和程序		
		论证人员		
		论证方法		
		论证手段		
		研制生产总要求		
		研制生产标准、规范		
		军代表质量管理体系		
		承研承制单位质量管理体系		
		咨询机构等参与研制生产情况		
C		装备试验计划		
		装备试验质量监督要求		
		装备试验质量管理体系		
		咨询机构等参与试验鉴定情况		
D		装备使用维修计划		
		装备使用维修质量管理体系		
		承制方、咨询机构等参与维修情况		
E		装备退役报废计划		
		装备退役报废评定制度		

6.3.2　目标分析

武器装备一体化质量管理,实质上是以质量方针、目标为管理主线,以全员参与为基础,充分发挥各方质量管理职能,在设计、研制、生产、试验、维修等装备质量形成全过程采取的质量管理活动,突出强调武器装备全过程、全层次、全员质量管理。因此,制定武器装备一体化质量管理计划,首先要科学确定装备质量管理所达到的目标,然后才能围绕目标具体实施装备质量管理任务。

本书提出一种精益的装备设计、研制、生产、试验、维修全过程质量管理目标分析方法[127]。该方法基于武器装备使用方的质量需求,运用定量化分析手段,科学识别武器装备质量管理的关键要素,进而建立武器装备全面质量管理的目标体系,其优越性在于,以使用方的需求为根本出发点,从系统全局的视角来确定装备质量管理目标。武器装备一体化质量管理目标分析主要分两个阶段实施。第一阶段构建装备全面质量管理目标链;第二阶段确定装备全面质量管理目标。

1. 基于 QFD 的装备全面质量管理目标链设计

装备全面质量管理目标,涉及武器装备设计、研制、生产、试验、维修等装备质量形成的各个阶段,如何系统生成全过程的装备质量管理目标,本书采用 QFD(质量功能展开)模型设计装备全面质量管理目标链。QFD 就是把形成质量的功能和业务,用一系列目的和手段按各个阶段、步骤来具体展开。其核心组成部分是"质量屋"(House of Quality,HoQ),通过质量屋的构建,设计人员能有效地将客户需求与技术特性之间的复杂关系建立起来,最优化地设计产品技术特性,以满足最大化的客户需求[128,129]。

基于 QFD 的武器装备全面质量管理目标链设计原理是,将武器装备使用方的质量需求转化为武器装备质量形成全寿命过程各个阶段的质量管理目标,即从使用维修、到设计论证、研制生产、试验鉴定逐级(线性)映射为多阶段质量需求技术指标体系,再通过转换矩阵,构建装备全面质量管理目标链[130],如图 6 - 2 所示。

2. 基于 ANP – ZOGP 的装备全面质量管理目标确定

装备全面质量管理目标链是确定管理目标的基本架构。如何确定 QFD 矩阵中装备使用方的质量需求,各阶段的技术质量要求,以及基于条件约束

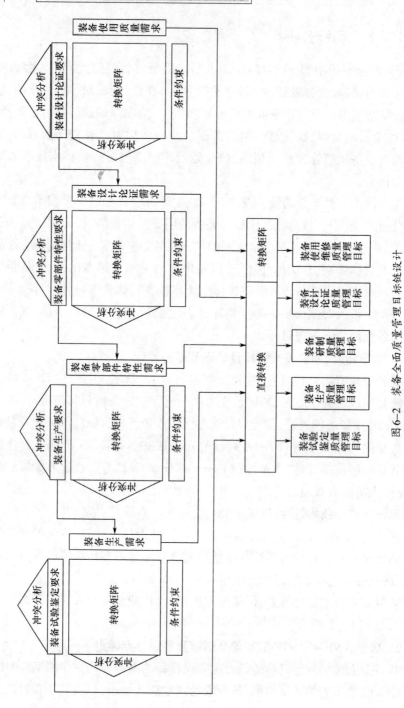

图6-2　装备全面质量管理目标转换设计

的各质量要求权重关系,本书综合运用网络分析法(ANP)和0－1目标规划法(ZOGP)来具体实现[131,132],详细步骤如下:

步骤1:识别武器装备使用质量需求,以及装备武器设计质量要求和条件约束,并逐级分析武器装备零部件特性要求和条件约束、武器装备生产质量要求和条件约束、武器装备试验鉴定质量要求和条件约束。

步骤2:基于AHP方法,首先确定武器装备使用质量需求权重向量 w_1;然后逐次确定各阶段质量需求对技术要求影响的权重矩阵 W_1、W_2、W_3、W_4;再确定各阶段武器装备质量需求和技术要求的自相关矩阵 W'_1、W'_2、W'_3、W'_4 和 W''_1、W''_2、W''_3、W''_4。

步骤3:基于ANP方法,首先确定武器装备使用质量需求的绝对权重向量为

$$w_u = W'_1 \times w_1$$

然后确定各阶段技术要求相对权重矩阵分别为

$$W_{x1} = W''_1 \times W_1; W_{x2} = W''_2 \times W_2; W_{x3} = W''_3 \times W_3; W_{x4} = W''_4 \times W_4$$

最后得出各阶段技术要求绝对权重向量分别为

$$w_{j1} = W_{x1} \times w_u; w_{j2} = W_{x2} \times w_u; w_{j3} = W_{x3} \times w_u; w_{j4} = W_{x4} \times w_u$$

步骤4:基于条件约束分段建立0－1目标规划模型[133],确定各阶段质量技术要求目标。

$$\text{Min} \quad w_1^{\text{ANP}}(d_1^-) + \sum_{i=2}^{S} (w_i d_i^+)/R_i + \sum_{i=S+1}^{N} w_i(d_i^-)$$

$$\begin{cases} \sum_{r=1}^{n} w_{jp}^r x_r + d_1^- - d_1^+ = 1, p = 1, \cdots, 4 \\ \sum_{r=1}^{n} w_{sp}^r x_r + d_s^- - d_s^+ = R_r, s = 2, \cdots, S \\ \sum_{r=1}^{n} w_{sp}^r + d_s^- - d_s^+ = 1, s = S+1, \cdots, N \\ x_r = 0 \text{ 或 } 1, r = 1, \cdots, n \quad d_s^-, d_s^+ \geqslant 0, s = 1, \cdots, N \end{cases} \quad (6-1)$$

式中:w_i 为武器装备质量技术要求和各条件约束目标的权重;d_i^-、d_i^+ 为距离各约束目标的负、正方向偏差;w_{jp}^r 为第 p 阶段质量技术要求绝对权重向量第 r 分量;w_{sp}^r 为第 p 阶段第 s 种约束绝对权重向量第 r 分量;R_r 为第 r 种条件约束限制量;x_r 为第 r 种质量技术要求是否作为重点管理目标的 0－1 判断

变量。

步骤 5：基于直接转换或转换矩阵，确定各阶段武器装备质量管理目标。在设计、研制、生产、试验阶段，依据求得的质量技术要求权重，识别质量技术控制的关键环节，进而直接确定阶段武器装备质量管理目标。对于使用维修阶段，本书提出直接依据武器装备使用质量需求，基于 QFD 方法，运用转换矩阵来确定其质量管理目标，方法同上，不再赘述。

3. 案例分析

本书以某飞行器测发系统设计质量管理目标的确定为例，介绍这种精益武器装备质量管理目标的分析方法。

步骤 1：确定该测发系统的使用质量需求、设计要求和条件约束。依据调查研究结果分析[134]，该测发系统重要的使用质量需求包括"使用性能优良 C_1"、"结构性好 C_2"、"操作简便 C_3"、"易于维护 C_4"、"环境适应性强 C_5"等 5 个方面。综合分析，可能影响上述使用质量需求的设计要求包括"系统信号采集能力 S_1"、"系统信号传输能力 S_2"、"系统信号控制能力 S_3"、"电磁兼容能力 S_4"、"可靠性 S_5"、"维修性 S_6"、"安全性 S_7"、"可操作性 S_8"和"外形构造及重量 S_9"等 9 个方面。其条件约束包括费用和进度等。

步骤 2：（1）假设该测发系统的各使用质量需求指标没有依存关系，通过两两对比计算，确定该系统的使用质量需求权重向量为

$$w_1 = \left[C_1, C_2, C_3, C_4, C_5 \right]' = \left[0.552, 0.238, 0.062, 0.114, 0.034 \right]'$$

（2）确定系统使用质量需求对其设计要求的影响权重矩阵。

例如，对于"使用性能优良 C_1"而言，相关设计要求权重分配如表 6 - 2 所列。

表 6 - 2　对使用质量需求的设计要求权重分析

C_1	S_1	S_2	S_3	S_4	S_5	S_8	权重
S_1	1	4	3	9	5	7	0.438
S_2	1/4	1	1/3	5	3	4	0.147
S_3	1/3	3	1	6	4	5	0.250
S_4	1/9	1/5	1/6	1	1/5	1/3	0.028
S_5	1/5	1/3	1/4	5	1	3	0.089
S_8	1/7	1/4	1/5	3	1/3	1	0.049

基于上述方法，可确定如表 6 - 3 所列的使用质量需求对其设计要求的

影响权重矩阵。

表 6 - 3 对设计要求的影响权重矩阵

W_1	C_1	C_2	C_3	C_4	C_5
S_1	0.438	0	0	0	0
S_2	0.147	0	0	0	0
S_3	0.250	0	0	0	0
S_4	0.028	0	0	0	0.120
S_5	0.089	0	0	0	0.060
S_6	0	0.181	0	0.833	0
S_7	0	0	0	0	0.252
S_8	0.049	0.065	0.875	0	0
S_9	0	0.754	0.125	0.167	0.568

（3）通过综合分析系统使用质量需求的相互影响关系,确定系统使用质量需求的自相关矩阵。图 6 - 3 为该系统各使用质量需求的影响关系示意图。

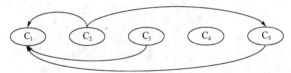

图 6 - 3 使用质量需求影响关系

例如,对于"使用性能优良 C_1"而言,其内部影响权重向量如表 6 - 4 所列。

表 6 - 4 对 C_1 各相关使用质量需求的权重分析

	C_1	C_2	C_3	C_5	权重
C_1	1	7	9	11	0.732
C_2	1/7	1	2	3	0.137
C_3	1/9	1/2	1	2	0.082
C_5	1/1	1	1/3	1/2	10.050

基于上述相同方法,确定该系统的使用质量需求自相关矩阵如表 6 - 5 所列。

表 6 - 5　使用质量需求自相关矩阵

W'_1	C_1	C_2	C_3	C_4	C_5
C_1	0.732	0	0	0	0
C_2	0.137	1	0	0	0.167
C_3	0.082	0	1	0	0
C_4	0	0	0	1	0
C_5	0.050	0	0	0	0.833

（4）通过综合分析系统设计要求的相互影响关系,确定系统设计要求的自相关矩阵。图 6 - 4 为该系统各设计要求的影响关系示意图。

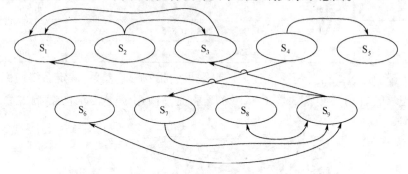

图 6 - 4　设计要求影响关系

因此,系统设计要求的自相关矩阵如表 6 - 6 所列。

表 6 - 6　设计要求自相关矩阵

W''_1	S_1	S_2	S_3	S_4	S_5	S_6	S_7	S_8	S_9
S_1	0.653	0	0	0	0	0	0	0	0
S_2	0.202	1	0.219	0	0	0	0	0	0
S_3	0.043	0	0.715	0	0	0	0	0	0
S_4	0	0	0	1	0.125	0	0.167	0	0
S_5	0	0	0	0	0.875	0	0	0	0
S_6	0	0	0	0	0.857	0	0	0	0.103
S_7	0	0	0	0	0	0	0.833	0	0.052
S_8	0	0	0	0	0	0	0	0.857	0.214
S_9	0.103	0	0.067	0	0	0.143	0	0.143	0.632

步骤3:该测发系统的使用质量需求绝对权重向量 w_u 和技术要求的相对

权重矩阵 W_{x1} 分别为

$$w_u = W'_1 \times w_1 = [0.404, 0.319, 0.107, 0.114, 0.056]'$$

$$W_{x1} = W''_1 \times W = \begin{bmatrix} 0.286 & 0 & 0 & 0 & 0 \\ 0.29 & 0 & 0 & 0 & 0 \\ 0.198 & 0 & 0 & 0 & 0 \\ 0.039 & 0 & 0 & 0 & 0.17 \\ 0.08 & 0 & 0 & 0 & 0.053 \\ 0 & 0.234 & 0.013 & 0.731 & 0.059 \\ 0 & 0.039 & 0.007 & 0.009 & 0.240 \\ 0.042 & 0.217 & 0.777 & 0.036 & 0.122 \\ 0.069 & 0.512 & 0.204 & 0.225 & 0.359 \end{bmatrix}$$

所以,该系统设计要求绝对权重为

$$w_{j1} = W_{x1} \times w_u = [0.116, 0.117, 0.08, 0.025, 0.034, 0.162, 0.028,$$
$$0.181, 0.259]'$$

步骤 4:在获取满意的装备使用质量需求的同时,还要考虑包括费用、时间等因素的约束。预计该飞行器测发系统设计总费用为 20 万元,总进度周期为 7 个月,各项设计要求的额定费用及时间如表 6 - 7 所列。

表 6 - 7 设计要求费用和时间

设计质量要求	费用 m/万元	时间 t/月	设计质量要求	费用 m/万元	时间 t/月
S_1	4.0	3	S_6	2.0	2
S_2	1.0	2	S_7	1.5	2
S_3	4.0	3	S_8	2.0	1
S_4	1.5	—	S_9	3.0	1
S_5	3.0	—			

基于表 6 - 7 求得各项设计要求的费用权重 M 和时间权重 T 分别为

$$M = W''_1 \times m = [2.612, 2.684, 3.032, 2.126, 2.625, 2.023, 1.406,$$
$$2.356, 3.148]'$$

$$T = W''_1 \times t = [1.959, 3.263, 2.274, 0.334, 0, 1.817, 1.77, 1.071,$$
$$1.571]'$$

另外,设计要求、费用和时间权重关系如表 6 - 8 所列。

表6-8　设计要求、费用和时间的权重分析

	设计质量要求	费用	时间	权重
设计质量要求	1	3	5	0.637
费用	1/3	1	3	0.258
时间	1/5	1/3	1	0.105

综上得出如下0-1目标规划数学模型[135]：

$$\min 0.637d_1^- + (0.258/20)d_2^+ + (0.105/7)d_3^+$$

$$\begin{cases} 0.116x_1 + 0.117x_2 + 0.08x_3 + 0.025x_4 + 0.034x_5 \\ + 0.162x_6 + 0.028x_7 + 0.181x_8 + 0.259x_9 + d_1^- - d_1^+ = 1 \\ 2.612x_1 + 2.684x_2 + 3.032x_3 + 2.216x_4 + 2.625x_5 \\ + 2.023x_6 + 1.406x_7 + 2.356x_8 + 3.148x_9 + d_2^- - d_2^+ = 20 \\ 1.959x_1 + 3.263x_2 + 2.274x_3 + 0.334x_4 + 0x_5 \\ + 1.817x_6 + 1.77x_7 + 1.071x_8 + 1.571x_9 + d_3^- - d_3^+ = 7 \end{cases} \quad (6-2)$$

$$x_r = 0 \text{ 或 } 1, r = 1,2,\cdots,9; d_s^-, d_s^+ \geq 0, s = 1,2,3$$

由于该测发系统的设计是基于团队并行完成的，其设计进度时间如图6-5所示。因此，对于式(6-2)的时间约束，本书作如下调整：

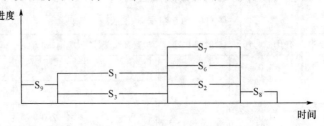

图6-5　设计进度时间安排

$t_1 = t_3$ 且 t_1 的权重小于 t_3 的权重，所以，保留式(6-2)中 $2.274x_3$ 这一项。$t_2 = t_6 = t_7$ 且 t_2 的权重最大，所以，保留式(6-2)中 $3.263x_2$ 这一项。对于 S_4、S_5 这两项指标融合到其他指标设计之中，故没有体现其时间要求。式(6-2)中第3个约束条件转换为

$$3.263x_2 + 2.274x_3 + 1.071x_8 + 1.571x_9 + d_3^- - d_3^+ = 7$$

基于Lingo9.0软件，求解得

$$x_1 = x_2 = x_3 = x_5 = x_6 = x_7 = x_8 = 1, x_4 = 0$$

步骤5:确定该飞行器测发系统的设计质量管理目标。综合分析该测发系统的使用质量需求,基于 ANP – ZOGP 识别出该测发系统设计质量要求的关键要素如表6－9所列。

表6－9　设计质量要求权重排序

序号	设计质量要求	权重	序号	设计质量要求	权重
1	外形构造及重量(S_9)	0.259	5	信号采集能力(S_1)	0.116
2	可操作性(S_8)	0.181	6	信号控制能力(S_3)	0.080
3	维修性(S_6)	0.162	7	可靠性(S_5)	0.034
4	信号传输能力(S_2)	0.117	8	安全性(S_7)	0.028

因此,在该测发系统的设计阶段,质量管理人员依次围绕上述8个方面做好质量监管工作。通过对全文的综合分析,建立了如表6－10所列的测发系统设计质量管理目标矩阵,围绕目标分解的项目,按照表中的评价方式,评判该系统的设计质量。

表6－10　测发系统设计质量管理目标矩阵

重要性排序	质量管理目标	目标分解	评价方式
1	外形构造及重量的质量监管	①系统总体设计;②系统结构强度;③外部接口标准化;④系统重量利于展开;⑤可操作性、维修性设计与系统结构的兼容	
2	可操作性设计的质量监管	①界面交互能力;②对系统结构设计的影响;③使用方的要求	
3	维修性设计的质量监管	①模块化、通用化程度;②系统外部接口;③维修配套设备	
4	信号传输系统的质量监管	①系统的主要技术指标;②系统的功能满足程度;③系统设计的关键技术;④系统间的电磁兼容能力;⑤新技术与成熟技术的采用比例	(1) 完整性 (2) 正确性 (3) 先进性 (4) 合理性 (5) 可行性
5	信号采集系统的质量监管		
6	信号控制系统的质量监管		
7	可靠性设计的质量监管	①可靠性设计目标及要求;②可靠性设计关键项目;③可靠性设计保障条件;④可靠性试验	
8	安全性设计的质量监管	①安全性设计目标及要求;②安全性设计关键项目;③安全性设计保障条件;④使用环境;⑤风险预测;⑥危害性分析与控制	

6.3.3　基于模糊时间有色 Petri 网的综合集成计划方法

武器装备一体化质量管理的综合集成计划,就是要制定出实现装备质量管理目标的路线图,是对全寿命周期装备质量管理活动系统的、宏观的安排,是制定阶段集成计划的基本依据。

1. 综合集成计划工具的选择——Petri 网

目前,从项目管理角度来看,制定规划计划的主要工具有 MS Project、Primavera、IBM Project Workbench 等,主要运用的方法是基于关键路径法和计划评审法[136]。这些方法的局限在于:一是着眼于单一项目实施规划计划,没有建立项目间的资源协调机制;二是项目管理计划的控制是静态的,任务与资源之间没有建立约束关系,对于项目延迟缺乏应有的考虑。

武器装备一体化质量管理的综合集成计划,实质上是对装备质量管理活动的统筹安排。综合集成计划的制定呈现如下特点。一是长期性。装备质量管理活动贯穿于武器装备"从生到死"的全过程,因此,装备质量管理综合集成计划具有很长的时间跨度。二是动态性[137]:一方面,由于其时间跨度大,必然导致计划易于变更;另一方面,由于人力、物力、环境等因素的变化,也会导致计划的变更。三是约束性。装备质量管理计划的制定受到多重因素的制约,包括范围目标、时间目标、成本目标。那么,采用什么样的方法制定装备质量管理综合集成计划? 本文选取 Petri 网作为制定综合集成计划的基本工具[138],理由如下:

第一,Petri 网是解析离散事件的最有效工具之一。装备质量管理实质上就是一个离散事件系统,装备质量管理计划就是对这些离散事件的系统安排。Petri 网能够充分体现装备质量管理活动的科学配置关系。因此,应用 Petri 网理论来研究装备质量管理计划问题,能够取得较好的效果。

第二,Petri 网适于描述动态变化系统。传统的质量管理规划模型不能动态地反映质量管理执行的情况,难以根据项目的实际执行情况,以及项目执行过程中产生的大量动态信息进行重新规划计划。例如,网络计划方法,一旦活动的实际绩效与严重偏离预期,就可能改变整个网络计划的时间,使得网络计划变得无效。而运用 Petri 网技术,能够实现人机对话,根据获取的动态信息,有效处理管理资源冲突,及时更新装备质量管理计划。

第三,Petri 网是一种良好的形式化描述方法,具有直观、易用、易懂等优点,适于描述装备质量管理综合集成计划。

2. Petri 网基本理论

Petri 网是由 C. A. Petri 于 1962 年在其博士论文中提出的,经过近 50 年的发展,已经逐渐成为各个学科中强有力的图形建模与分析工具[139,140]。

1) Petri 网的定义

定义 1:一个三元组 $N = (S, T; F)$ 是一个 Petri 网,当且仅当:

Ⅰ:$S \cup T \neq \varnothing$;

Ⅱ:$S \cap T = \varnothing$;

Ⅲ:$F \subseteq (S \times T) \cup (T \times S)$;

Ⅳ:$\mathrm{dom}(F) \cup \mathrm{cod}(F) = S \cup T$。

其中,S 叫做 N 的库所集,T 叫做变迁集,F 叫做流关系,$\varnothing$ 表示空集合,$\times$ 是两集合的笛卡儿乘积运算,所以 F 是由一个 S 元素和一个 T 元素组成的有序偶集合。$\mathrm{dom}(F)$ 是 F 所包含有序偶之第一个元素所组成的集合,$\mathrm{cod}(F)$ 是第二个元素之集合。

Petri 网的标准图形表示是用圆圈代表库所,用方框表示变迁,用从 x 到 y 的有向弧表示有序偶 (x, y)。

定义 2:一个六元组 $\Sigma = (S, T; F, K, W, M_0)$ 是一个库所/变迁系统,当且仅当:

Ⅰ:$(S, T; F)$ 是一个 Petri 网,S 元素是库所,T 元素是变迁;

Ⅱ:$K: S \to N^+ \cup \{\infty\}$ 库所容量函数;

Ⅲ:$W: F \to N^+$ 是弧权函数;

Ⅳ:$M_0: S \to N^+$ 是初始标识,满足:$\forall s \in S: M_{0(s)} \leqslant K_{(s)}$。

在库所/变迁系统的图形表示中,对于弧 $f \in F$,当 $W_{(f)} > 1$ 时,将 $W_{(f)}$ 标注在弧上。当一个库所的容量有限时,通常将 $K_{(s)}$ 写在库所 s 的圆圈旁。当 $K_{(s)} = \infty$ 时,通常省略 $K_{(s)}$ 的标注。有界库所/变迁系统的 K 函数仅为 $K: S \to N^+$,$K_{(s)} = 1$ 时,通常省略 $K_{(s)}$ 的标注。标注由在库所中的黑点来表示。

2) Petri 网的运行规则

定义 3:变迁 $t \in T$ 在表示 M 下成为使能的(enabled),当且仅当:

$$\begin{cases} \forall s \in \dot{}t: M_{(s)} \geqslant W_{(s,t)} \\ \forall s \in t\dot{} - \dot{}t: M_{(s)} + W_{(t,s)} \leqslant K_{(s)} \\ \forall s \in t\dot{} \cap \dot{}t: M_{(s)} + W_{(t,s)} - W_{(s,t)} \leqslant K_{(s)} \end{cases}$$

则 t 在 M 下是使能的,也称 t 在 M 下有发生权,记作 $M[t>$。也就是说只有当变迁前集中的任何库所都至少含有和相应的流关系相同数目的托肯,并且变迁的后集中的库所不会发生冲撞时,则该变迁有发生权。

定义 4:在 M 下使能的变迁 t 可以引发,引发后得到后继标识 M',则

$$M'_{(s)} = \begin{cases} M_{(s)} + M_{(t,s)}, s \in t^{\cdot} - {}^{\cdot}t \\ M_{(s)} - M_{(s,t)}, s \in {}^{\cdot}t - t^{\cdot} \\ M_{(s)} - M_{(s,t)} + M_{(t,s)}, s \in {}^{\cdot}t \cap t^{\cdot} \\ M_{(s)}, \text{其他} \end{cases}$$

记作 $M[t>M'$。由此可见,变迁 t 的激发条件和结果仅与 t 的外延有关,而与全局状态无关,这称为 Petri 网的局部确定性。

3)Petri 网的基本关系

顺序关系:用来描述事件的先后关系,图形表示为状态与活动的交替,如图 6-6 所示。

图 6-6 顺序关系

循环关系:状态与活动之间转换时的循环状况,被激发会一直运行,如图 6-7 所示。

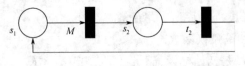

图 6-7 循环关系

冲突关系:如果 $M[t_1 > \Lambda M[t_2 >$,但 $\neg M[\{t_1,t_2\} >$,则称 t_1 和 t_2 在 M 互相冲突。如图 6-8 所示的网中,变迁 t_1 和 t_2 在当前标示下互相冲突。

并发关系:两个或以上的状态同时由一个事件所启动,如图 6-9 所示。设 $U \subseteq T$ 是 PN 的一个变迁集合,在标识 M 下 U 中的变迁是并发的,当且仅当:

$$\forall t \in U: (\forall s \in {}^{\cdot}t: M_{(s)} \geq W_{(s,t)} \wedge \forall s \in t^{\cdot}: M_{(s)} + W_{(t,s)} \leq K_{(s)})$$

4)几种高级 Petri 网[141]

Petri 网具有规范性的语义、比较直观的图形描述能力,以及较强的表现

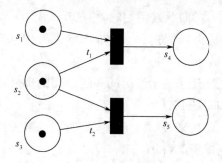

图6-8 冲突关系

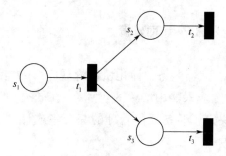

图6-9 并发关系

能力和丰富的分析技术,其被普遍的运用于各种分布及并发系统的建模。在几十年的发展和研究中,Petri网经历了从基本Petri网到各种高级Petri网的拓展。其中具有代表性的有以下两种:

A:着色Petri网

相对于基本Petri网而言,其网中的托肯是没有个性的托肯,而着色Petri网与其最大的区别在于着色Petri网中流通的托肯是能够区分的个性托肯。除了托肯数量外,还拥有其他参数值,也称为颜色。在着色Petri网中,弧上标记了将从库所中转移或向库所中添加的有色托肯的种类和数目,各个库所中可以包含多个拥有某些颜色的托肯。如果一个变迁的每个输入库所中都包含足够的、具有"正确"颜色的托肯,则该变迁被使能。使用着色Petri网进行系统建模,相应扩大了Petri网的建模能力,但也增加了其分析与确定系统性能的难度。

B:时间Petri网

由于基本的Petri网不包含时间概念,因此不能建立考虑时间的系统模型,用于性能的分析。所以为了满足事件发生所经历时间的需要,提出了时间 Petri 网。如果引入的时延是确定的,称这样的 Petri 网为时间 Petri 网;如果引入的时延是随机的,则称其为随机 Petri 网。引入时间的方法一般有三种:

第一,如果是用变迁来表示经历的一定时间的事件或活动,则把时间与变迁关联,得到时间变迁 PN;

第二,如果是用库所来表示经历的一定时间的事件或活动,则把时间与库所关联,得到时间库所 PN;

第三,如果是用从变迁到库所输出弧表示一定时间的关系流,则将时间与输出弧关联。

3. 综合集成计划的 Petri 网建模

1）机理分析

第一,本书认为,武器装备一体化质量管理体系的组织形式可采用模块化项目管理模式或专业采购中心模式。那么,在同类项目管理中就存在资源共用问题,这就决定了装备质量管理的综合集成计划必须考虑项目间的人员、物资冲突问题[142,143]。

第二,装备质量管理综合集成计划的主要内容是,针对特定项目,规定由谁、在何时、利用哪些资源、依据什么流程、根据什么标准来实施项目。因此,运用 Petri 网进行综合集成计划建模,要反映出人员、地点、物资、时间、流程等系列要素。所以,采用时间着色 Petri 网解决综合集成计划问题。着色 Petri 网能够体现不同的人员、地点、物资要求,时间 Petri 网能够体现计划的时间[144]。

2）建模方法

在 Petri 网中,本书以库所(S)表示计划是否能够开展的条件,以变迁(T)表示计划活动的开展。库所中的托肯表示某项计划活动开展的条件是否具备的标识。由此,本书认为计划活动的开展由系统的标识来控制,而标识则由一组条件来描述,即标识在 Petri 网结构库所中的分布情况。计划活动与活动的条件之间关系对应于 Petri 网的有向弧,记为 $F = \{S \times T\} \cup \{T \times S\}$。

因此,本书构造一个这样的综合集成计划 Petri 网模型[145-149]。

$\Sigma = (P, T, F, C, M, W)$,满足以下条件:

(1) $P = P_Z \cup P_R \cup P_C$,其中,$P_Z = \{p_0, p_1, \cdots, p_s\}$、$P_R = \{p_r\}$、$P_C = \{p_c\}$ 分别表示对象库所、非消耗性资源库所和消耗性资源库所的集合,s 为对象库

所的数量。

（2）$T = T_Q \cup T_M$，并且 $T_Q \cap T_M = \varnothing$，$T_Q$ 和 T_M 分别为表示质量监督管理过程的变迁与辅助变迁的集合。

（3）$F \subseteq (P \times T) \cup (T \times P)$。

（4）$C = \{c_0, c_{r1}, \cdots, c_{rn}, c_{c1}, \cdots, c_{cm}\}$ 为标记颜色的集合，c_0 为对象库所标记的颜色，$c_{ri} = (i = 1, 2, \cdots, n)$ 为非消耗性资源库所中表示第 i 类资源标记的颜色，n 为非消耗性资源标记的种类，$c_{ci}(i = 1, 2, \cdots, m)$ 为消耗性资源库所中表示第 i 类资源标记的颜色，m 为消耗性资源标记的种类。

（5）标识 M：

$$\forall p_Z \in P_Z : M(p_z) = m_0 \times c_0$$

$$p_r \in P_R : M(p_r) = m_{r1}c_{r1} + m_{r2}c_{r2} + \cdots m_{rn}c_{rn}$$

$$p_c \in P_C : M(p_c) = m_{c1}c_{c1} + m_{c2}c_{c2} + \cdots m_{cm}c_{cm}$$

$m_0 = 0$ 或 1，m_{ri} 与 m_{ci} 均为非负整数。

（6）权函数 W：

$$\forall f \in P_Z \times T \cup T \times P_Z : W(f) = c_0$$

$$\forall f \in P_R \times T \cup T \times P_R : W(f) = w_{r1}c_{r1} + w_{r2}c_{r2} + \cdots + w_{rn}c_{rn}$$

$$\forall f \in P_C \times T \cup T \times P_C : W(f) = w_{c1}c_{c1} + w_{c2}c_{c2} + \cdots + w_{cm}c_{cm}$$

w_{ri} 与 w_{ci} 均为非负整数，并且 $w_{r1} + w_{r2} + \cdots + w_{rm} \neq 0$、$w_{c1} + w_{c2} + \cdots + w_{cm} \neq 0$。

图 6-10 为武器装备一体化质量管理综合集成计划 Petri 网模型。

表 6-11 为武器装备一体化质量管理综合集成计划各节点变量的含义说明。

表 6-11　Petri 网模型变量说明

库所元素	含义	库所元素	含义
P0	需求论证准备	P6	方案论证评审结果分析
P1	形成需求论证报告	P7	方案论证报告报批
P2	需求论证评审结果分析	P8	初样设计
P3	需求论证报告报批	P9	初样设计试验结果分析
P4	方案论证准备	P10	初样设计评审结果分析
P5	形成方案论证报告	P11	试样设计

（续）

库所 元素	含义	库所 元素	含义
P12	试样设计试验结果分析	P23	小批量生产
P13	试样设计评审结果分析	P24	装备部署到位
P14	试制试验结果分析	P25	装备故障
P15	设计定型	P26	质量信息传递
P16	设计定型结束	P27	装备维修
P17	部队试用	Pm1	资源管理数据库
P18	生产定型试验	Pm2	资源分配到位
P19	生产定型	c1	消耗性资源
P20	生产定型评审结果分析	r1	重复性利用资源
P21	生产定型结束	Pm1	共享资源数据库
P22	大批量生产	Pm2	项目可用资源
T0	需求论证	T18	试制试验
T1	需求论证评审	T19	试样设计修改
T2	需求论证评审通过	T20	设计定型申请
T3	需求论证评审未通过	T21	设计定型审查
T4	需求论证报告批复	T22	试用装备小批量生产
T5	方案论证	T23	试用评价
T6	方案论证评审	T24	生产定型试验评价
T7	方案论证评审通过	T25	生产定型评审
T8	方案论证评审未通过	T26	生产定型申请
T9	方案论证报告批复	T27	生产定型修改
T10	初样设计试验	T28	大批量生产申请
T11	初样设计评审	T29	小批量生产申请
T12	初样设计修改	T30	装备部署
T13	初样设计评审通过	T31	装备动用
T14	初样设计评审未通过	T32	装备维修申请
T15	试样设计试验	T33	装备退役报废
T16	试样设计评审	Tm1	向资源管理器申请
T17	试样设计修改	Tm2	资源分配

关于武器装备一体化质量管理综合集成计划 Petri 网模型含义的几点说明：

第一，模型中库所、变迁的含义描述。

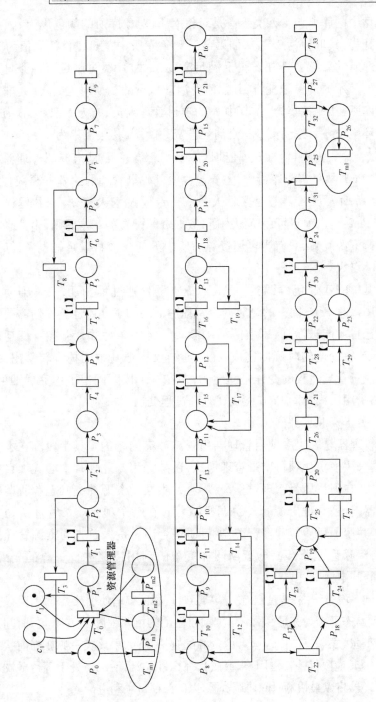

图 6-10　武器装备一体化质量管理综合集成计划 Petri 网模型

该模型中的库所包含四类。一是对象库所,对象库所的颜色集为 c_{0i},c_{01} 表示逻辑托肯,其取值为 0 或 1,如果某一对象库所中逻辑托肯的取值为 1,则表示该库所的后续变迁在逻辑上满足激发条件,只要再满足资源条件即可点火。c_{02} 表示时间参数托肯,其取值为活动执行的初始时间 t。二是非消耗性资源库所,其颜色集为 c_{ri},其中 c_{r1} 为项目管理人员,c_{r2} 为专家库,c_{r3} 为工作场所及环境,$c_{r(i+3)}$ 为设备。三是消耗性资源库所,其颜色集为 c_{ci},其中 c_{c1} 为费用[150],$c_{c(i+1)}$ 为物料。四是辅助性库所[151,152],主要是指资源管理器中的库所,在 Pm1 共享资源库所中,主要包含项目质量管理的共享资源,例如,人力资源(后勤人员 c_{f1}、工程保障人员 c_{f2}、专业技术人员 c_{f3})、共用设备 $c_{f(i+3)}$ 等。Pm2 是指项目可用资源库所,依据资源配置的基本原则,由共享资源库所进行资源配置,只有当可用资源库所中的托肯数目满足触发条件时,变迁才能够点火。

该模型中的变迁包含两类,一是装备质量管理过程变迁,二是辅助变迁。本书用赋时 Petri 网中的延时变迁来描述活动的工期属性。变迁需要获得足够的托肯才能被激活,即实际活动满足一定的条件才能开始。变迁被激发后,活动在变迁的时延内完成,在变迁结束后把其中的托肯转移出来。由于装备质量管理过程的变迁是弹性的,即在一个段时间范围内完成即可。因此,本书采用模糊时间 Petri 网描述管理过程变迁[153,154]。

第二,关于资源管理器作用。

资源管理器是解决多项目管理共用资源冲突问题的工具手段。在本书中,无论是采用模块化项目质量管理模式,还是采用专业采购中心式项目质量管理模式,在项目质量管理过程中,均会发生共用资源冲突问题。所谓的资源管理器,就是一种资源管理协调机制[155],在一个项目质量管理活动发生前,对于共用项目质量管理资源,项目质量管理负责人首先向资源管理器发出申请,资源管理器会根据近期同样资源的利用情况进行资源的分配。资源配置的基本原则是:

A:在同一段时间内,若是仅有一个项目管理团队申请使用某类资源,且该类资源在当前状态下较为充足,那么,依据项目活动的重要程度、复杂程度、时间长短、专业性要求、成本等因素综合考虑资源配置情况;如果该类资源在当前状态下较为紧缺(其他项目一直占用,未释放),那么,该项目活动将处于等待触发状态,资源管理器将以最快的时间协调资源,以确保项目顺利进行。

B:在同一段时间内,若是有两个或两个以上的项目管理团队申请使用某类资源,且该类资源在当前状态下较为充足,那么,依据资源需求申请项目的紧急程度、重要程度、复杂程度、资源占用时间等因素综合考虑优先给哪一个项目分配资源;如果该类资源在当前状态下较为紧缺(其他项目一直占用,未释放),那么,所有项目活动处于等待状态,资源管理器将以最快的时间协调资源,分配给优先级高的资源申请部门。

表6-12为项目资源配置规则列表。

表 6-12 项目资源配置规则

类型	影响因素					资源配置规则
	重要程度	复杂程度	时间	专业性要求	费用	
	(高 H、中 M、低 L)					
单一项目资源申请	3H 及其以上/2H + 2M + 1L/2H + 1M + 2L					人员经验丰富、专业素质高、有一定的时间保证、先进设施设备优先满足
	2H + 3L/含有 1H/5M/4M + 1L					人员具有一定经验、专业素质较高、有较长时间保证、设施设备能够满足工作需要
	3M + 2L/2M + 3L/1M + 4L/5L					人员组成以年轻成员为主、专业素质较高、有长时间的工作保证、设施设备较好满足工作需要
多个项目资源申请	优先级排序影响因素					资源配置规则
	紧急性	重要性 R_1	规模程度 R_2	复杂性 R_3	占用时间 R_4	
	$R_1、R_2、R_3、R_4 \in (0,10)$;$R_1$ 权重 $W_1 = 0.4$,R_2 权重 $W_2 = 0.3$,R_3 权重 $W_3 = 0.2$,R_4 权重 $W_4 = 0.1$ (0,4)属于低,[4,8]属于中,[8,10]属于高					
	$$P = \sum_{j=1}^{n} (R_1^j W_1 + R_2^j W_2 + R_3^j W_3 + R_4^j W_4)/n$$ (n 为评价专家数)					(1)紧急性压倒一切,优先满足最急切需要的项目;(2)依据 P 值的大小确定优先级的高低,优先级高的先获取资源;(3)依据单一项目资源配置规则分配资源
注:当资源不充足时,各项目活动处于等待状态,一旦资源被释放出来,按优先级和配置规则分配资源						

第三,Petri 网的触发规则。

为说明 Petri 网的触发规则,本文以活动 T0 的启动为例进行阐释。当启动活动变迁 T0 时,在开始状态 P0 其逻辑托肯为 1 的情况下,表明在逻辑顺序上下一个执行的活动为 T0,只要资源满足,即可触发活动。在 P0 处向资源管理器的资源申请接口 Tm1 提出请求(Petri 网与数据库交互链接)[156],资源请求通过点火变迁 Tm2 向资源管理器的资源请求库所输出托肯来触发,资源请求的托肯数目在每个活动的 Petri 网定义中均有说明(此处假设活动 T0 需要共享资源为,a 单位的 c_{f1},b 单位的 c_{f2},c 单位的 c_{f3},m 单位的 c_{f4},n 单位的 c_{f5})。资源管理器在符合资源配置原则的前提下,对活动 T0 分配适当的资源,存放在库所 Pm2 中,活动从其中 T0 获取相应数目的资源托肯,即,非消耗性资源为 $a'c_{f1} + b'c_{f2} + c'c_{f3}$、消耗性资源为 $d'c_{f4} + e'c_{f4}$。在非共享资源库所中,假设需要非消耗性资源为 $A'c_{r1} + B'c_{r2} + C'c_{r3}$、消耗性资源为 $D'c_{c1} + E'c_{c2}$。当上述资源准备完毕后,活动 T0 启动。开始状态 P0 的时间参数托肯为 $[0,0,0]$(本书运用三角模糊数定义时间参数),活动执行时间为 $[t_l, t_m, t_n]$,P1 的时间参数托肯为 $[t_l, t_m, t_n]$。当活动执行完毕后,共享资源和项目质量管理内部资源中的非消耗性资源释放出来,并统一收回。

模型中每个活动的资源获取、使用和释放的过程是相似的,故其他活动过程不再一一详述。

6.3.4　基于多种工具的阶段集成计划方法

综合集成计划的目的是从总体上设计安排装备质量管理活动,而阶段集成计划是对综合集成计划的细化,形成装备质量管理工作计划包。以立项论证阶段为例,该阶段的装备质量管理工作计划包主要包括,需求论证及其评审质量管理工作计划,方案论证及其评审质量管理工作计划,以及质量管理变更与调控工作计划等。制定阶段集成计划的目的在于:一方面,对指导装备质量管理工作更具可操作性;另一方面,有利于调整综合集成计划,是对综合集成计划的补充。

本书将全寿命周期作如下划分,来制定阶段集成计划,如图 6 - 11 所示。

在 6.3.2 节和 6.3.3 节中,给出了装备质量管理目标和总体计划安排的分析、制定方法,如何进一步细化装备质量管理目标和综合集成计划,制定装备质量管理阶段集成计划,一是要研究阶段集成计划的一般流程;二是要

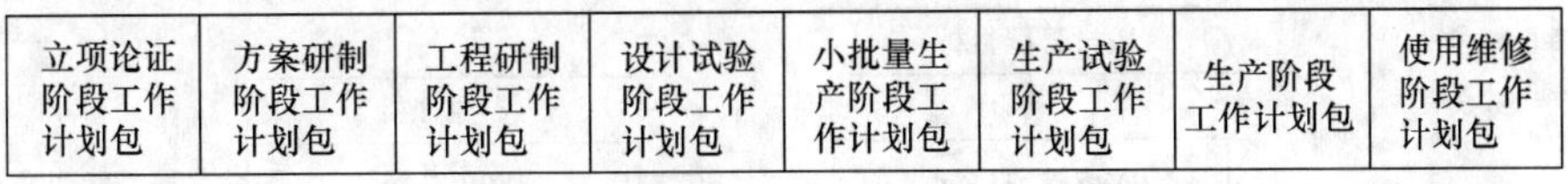

立项论证阶段工作计划包	方案研制阶段工作计划包	工程研制阶段工作计划包	设计试验阶段工作计划包	小批量生产阶段工作计划包	生产试验阶段工作计划包	生产阶段工作计划包	使用维修阶段工作计划包

图 6-11　阶段集成计划

研究阶段集成计划的方法手段,本书认为,应采取多种计划工具来综合实现。

1. 阶段集成计划流程

在项目计划和武器装备一体化质量管理综合集成计划的指导下,第一步,是对某阶段的装备质量管理目标进行进一步的分析与分解,细化为小的容易实现的质量管理目标,直至可以对应所采取的具体措施为止。第二步,进行方案设计。主要包括质量保证活动的范围、工作内容、责任人、工作程序、操作规程、控制方法、记录要求、时间、地点及所需的物资材料,以及质量管理活动的评价准则和考核方法。第三步,以时间、成本、资源和可行性为约束条件对方案进行优化检查。第四步,进行计划评审,最终形成装备质量管理阶段集成计划[157]。图 6-12 为工作计划包内单一质量管理计划流程图。

2. 阶段集成计划方法

阶段集成计划方法,是由单一质量管理计划方法决定的。因此,依据单一质量管理计划流程,针对不同的计划过程,采取合适的方法措施,形成阶段集成计划,如表 6-13 所列。

表 6-13　单一质量管理计划方法

范　围		工　具
质量管理目标的分析与分解	影响因素的分析	调查研究法(调查表)、头脑风暴法(过程决策程序图)、因果分析法(因果图)、关联分析法(关联图)、专家咨询法、因子分析法、力场分析法
	目标的细化与展开	亲和图法、矩阵图法、系统图法、矩阵数据分析法、QFD、工作分解结构(WBS)
方案设计		案例推理法、标杆法、责任矩阵
方案优化与排序		系统分析法(结构分析法、系统动力学方法)、运筹分析法(数学规划法、决策论法)、经济性分析法(费效分析法、帕累托分析)、评价分析法(层次分析法、模糊综合评判法、多准则效用函数法)
计划生成		箭条图、甘特图、计划评审技术、关键路径法、Petri 网

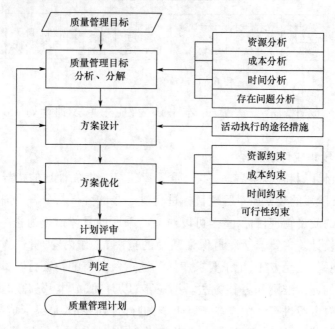

图 6 – 12　单一质量管理计划流程图

6.3.5　计划的变更与调控

武器装备一体化质量管理计划包括综合集成计划和阶段集成计划,涉及装备质量管理的全寿命周期,必须根据装备采购活动的变化,做出及时的调整。

1. 计划变更与调控的时机

首先,依据图 6 – 1 武器装备一体化质量管理计划模型(见 6.2.2 节),B、C、D、E 点为转阶段关节点,在这些节点处应进行计划的变更与调控;其次,依据模块化项目质量管理组织运行方式(见 4.3.3 节),上一模块工作结束,与下一模块工作开始的纽带,主要依靠共同计划来完成。因此,在模块工作结束处亦是计划变更与调控的时机,包括立项论证、方案研制、工程研制、设计试验、小批量生产、生产试验、生产、使用维修等主流程关节点。图 6 – 13 为计划变更与调控时机示意图。

2. 计划变更与调控的工作方法

在转阶段节点以及各个阶段的关键环节,依据装备采购项目的总体进度计划,针对上一阶段装备采购进展情况和装备质量管理情况,以及不断更

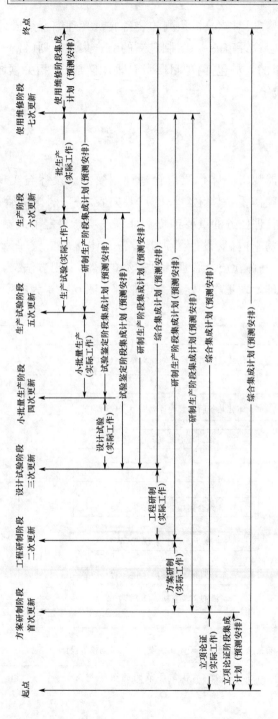

图6-13 计划变更与调控时机

新的装备质量管理信息,对比分析预测的装备质量管理综合集成计划(或阶段集成计划),通过会议评审的方式,制定新的综合集成计划(或阶段集成计划)。参加会议评审的人员包括:项目质量管理团队成员、相关领域专家、军代表、承研承制单位等。

6.4　本章小结

本章研究了武器装备一体化质量管理计划模型的设计与实现方法,这是武器装备质量管理体系一体化建设的重要内容之三,科学的管理计划是有效完成装备质量管理任务的重要前提和保证。本章界定了武器装备一体化质量管理计划的基本内涵,设计了武器装备一体化质量管理计划概念模型,提出了武器装备一体化质量管理计划模型的具体实现方法,为开展武器装备一体化质量管理计划工作奠定了理论基础。图 6 - 14 为本章各节间的逻辑关系示意图。

图 6 - 14　第 6 章各节间的逻辑关系

第7章　武器装备一体化质量管理
体系有效性评价

武器装备一体化质量管理体系,是武器装备质量管理体系一体化建设的结果,是着眼我军武器装备建设发展提出的一种装备质量管理模式。该种模式的有效性如何? 怎样能够通过对体系的综合评价达到持续改进的目的? 这就是本章要解决的关键问题。首先,研究界定武器装备一体化质量管理体系有效性的基本内涵;其次,设计武器装备一体化质量管理体系有效性评价指标体系,确定有效性评价标准;最后,提出武器装备一体化质量管理体系有效性评价的方法,并进行算例验证分析。

7.1　武器装备一体化质量管理
体系有效性评价的内涵

所谓有效性,在 ISO9000:2000《质量管理体系基础和术语》中这样定义:"完成策划的活动和达到策划结果的程度"[158]。由此可见,它包含两层含义,一是体系策划建立的有效性;二是体系运行的有效性。所以,对于武器装备一体化质量管理体系而言,其有效性的评价也可从上述两个方面加以分析:

第一,体系结构本身的有效性评价,即体系的组成要素,如质量文化、组织结构、运行程序和资源是否是合理的、完善的且易于操作和评价的。

第二,体系运行的有效性评价。有效性需要体系运行来检验,而运行包括运行过程与运行结果,二者关系为结果反映过程、过程保证结果。因此,体系运行的有效性评价由体系运行过程的有效性评价和体系运行结果的有效性评价两部分组成。

总体来看,对武器装备一体化质量管理体系有效性的评价,一是要对体系的结构、程序、资源等静态特征的评价;二是要对体系运行的过程和结果等动态特征的评价。因此,本书认为,对武器装备一体化质量管理体系有效性的评价,可从三方面着手:一是对组织结构的评价;二是对体系运行过程进行评价;三是对体系运行结果的评价[159 - 161]。

7.2 武器装备一体化质量管理体系有效性评价指标设计

7.2.1 影响因素分析

武器装备质量管理体系一体化建设是一项复杂的系统工程。尽管如此,但从实质上讲,任何系统的构建都遵循着"结构—运行—功能—评价—反馈"的基本规律,即系统结构决定系统功能和运行状态,而系统运行结果反映了系统功能的实现程度,并进一步调整系统结构和运行方式[162]。基于此,依据武器装备一体化质量管理体系有效性评价内涵的分析,本书认为,影响武器装备一体化质量管理体系有效性的因素可概括为组织因素、动态过程因素、结果因素和外部环境因素等四大类[163]。

1. 组织因素

组织因素,是影响武器装备一体化质量管理体系有效性的内源要素,是影响装备质量管理绩效发挥的根源要素,主要包括质量文化、组织结构、资源配置和组织变革等。

质量文化,是组织的核心价值观,集中反映了装备质量管理主体的共同价值取向。质量文化对组织的影响反映在两个方面:一是质量文化的强度,即组织成员接受价值观、规范以及其他文化内涵的程度;二是质量文化的整合度,即组织内共享质量文化的广泛程度。

组织结构,规定了组织的结构框架和组织成员间的相互作用关系,是装备质量管理资源要素配置的基础。组织结构对组织的影响反映在三个方面:一是管理层次与管理幅度,确保二者的合理结合取决于各级质量管理人员的素质、管理活动的复杂程度以及各装备质量管理部门在空间上的分散程度等;二是组织的构成方式,它反映了个体形成组织的方法;三是跨部门间沟通、协作与力量整合的渠道。

资源配置,是对装备质量管理要素的规划与布局。资源配置的优化与否直接影响组织绩效发挥,主要反映在:一是完善的资源配置计划体系;二是有效的资源配置机制;三是健全的法规制度指导。

组织变革,是提高组织绩效水平的动力。对于装备质量管理体系而言,其改革与发展必须符合装备质量管理实际,必须适应装备管理体制。因此,装备质量管理组织的变革应该是渐进式的。组织变革对组织的影响主要表现在技术变革、结构变革和文化变革等方面。技术变革是指装备质量管理工作方法、信息化手段建设方面的改革;结构变革是指调整或改变组织结构;文化变革是指装备质量管理人员思维观念的转变。

2. 动态过程因素

动态过程因素,是影响武器装备一体化质量管理体系运行的直接要素,主要包括装备质量管理计划制定、运行机制设计、集成界面和资源管理等。

装备质量管理计划,是对装备质量管理活动的预先安排,是装备质量管理体系运行的指导性文件。制定装备质量管理计划的关键因素在于:一要有明确的目标;二要有合理的预测;三要注重计划的弹性和柔性;四要注重计划的滚动性和集成性。

运行机制,是保证装备质量管理体系有序运行的程序和力量的综合。实现装备质量管理体系的闭环运行,必须着力构建综合协调机制、过程监控机制、约束激励机制和评价反馈机制。

集成界面,是装备质量管理阶段间的接触方式和机制的总和。有效的界面管理,使全寿命周期各阶段装备质量管理目标的完成体现连续性和一致性,是解决装备质量多段管理弊端的重要途径。

资源管理,是提高装备质量管理体系运行效率的重要内容,主要包括人力资源管理、基础设施管理和工作环境管理等。

3. 结果因素

结果因素,是装备质量管理体系运行绩效的外在表现,属于显性要素,主要取决于装备需求方的满意度。所谓满意度,是对装备质量是否达到立项论证总要求进行的衡量,是装备质量管理体系运行绩效的重要反映。一般而言,高满意度的武器装备,是以高效的装备质量管理体系作为支撑的。满意度主要体现在装备质量特性(专用质量特性和通用质量特性)、进度与周期、装备平均故障间隔时间和装备技术支撑及服务。

4. 外部环境因素

环境,是存在于系统边界外的物质的、经济的、信息的和人际的相关因素的总称。武器装备一体化质量管理体系的运行环境涉及三类:

一是物理和技术环境,包括装备质量管理体系的相融性和协调性、技术标准、科技发展水平估量、信息与服务资源、战场环境;

二是经济和管理环境,包括国民经济发展状况、国防经济投入状况、军品市场经济运行、军事装备管理体制、国防工业体制、政策方针(武器装备发展战略、装备质量建设方针、军事需求等)、外部组织机构(上级组织、军工企业集团、科研咨询机构、外军装备质量管理体系现状等);

三是社会环境,包括人的因素和文化因素。

7.2.2 评价指标设计

1. 评价指标体系设计的基本原则

如何将复杂而多样的有效性影响因素反映到评价指标体系上。本书认为,武器装备一体化质量管理体系有效性评价指标设计应坚持如下原则[164]:

一是全面性,要系统全面地将反映武器装备一体化质量管理体系有效性的各种因素合理纳入评价范畴;

二是重点性,要选择突出反映武器装备一体化质量管理体系有效性的关键要素进入评价指标体系,并非面面俱到;

三是科学性,要结合武器装备一体化质量管理体系运行特性,切实选择符合武器装备一体化质量管理体系运行实际绩效水平的要素指标;

四是可行性,要深入思考管理指标要素的定量化描述问题,有利于评价方法的有效运用;

五是整体性,要注重装备质量管理各阶段的内存联系,体现多阶段的整体涌现性。

2. 评价指标层次关系分析

在目标层,以武器装备一体化质量管理体系有效性(P)为总目标。

在准则层,依据武器装备一体化质量管理体系有效性评价的定义,可区分为两个子目标组成的二级指标体系,即体系本身的有效性(P1)和体系运行的有效性(P2)。关于体系本身的有效性,本书通过组织结构的有序度

(O)和柔性度(R)来度量(注:关于组织文化与资源配置等组织因素,本书在体系运行有效性评价中体现)。关于体系运行的有效性,本书通过装备质量形成的全寿命周期过程中的特征变量和体系运行的结果(S)来度量。全寿命周期过程中的特征变量来自于立项论证(D)、研制生产(M)、试验鉴定(T)和使用维修(U)等四个阶段。立项论证是对装备性能指标、技术方案、进度、费用、周期的总体规划,该阶段质量管理水平的高低直接影响其他三个阶段工作的顺利开展。实现研制生产与试验鉴定阶段装备质量的有效监管与控制,有利于建立研制生产与试验鉴定阶段装备质量管理的长效"后延"机制,提高装备维修使用质量管理效能。试验鉴定包括研制试验鉴定和定型生产试验鉴定两个方面,因此,该阶段与研制生产阶段联系密切,是对研制生产阶段质量管理成果的检验,进而提高改进研制生产质量。综合来看,关于体系全寿命周期各个阶段之间又存在着如图7-1所示的影响关系。

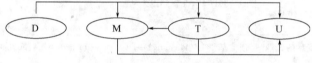

注: 节点间影响关系不可传递

图7-1 影响关系示意图

在要素层,关于寿命周期特征变量的抽取,本书基于关键事件构建了影响各子目标绩效发挥的重要因素指标体系[165-167]。表7-1为各阶段装备质量管理关键事件及评价内容分析。关于体系运行结果的评价,本书采取装备使用方满意度评价的方法进行。

表7-1 体系运行有效性评价要素分析

准则层	关键事件	特征变量
立项 论证 (D)	需求分析	①立项论证质量管理计划(D1);②资源管理(D2);③管理评审实施(D3);④文件和记录的控制(D4);⑤交流与沟通(D5);⑥纠正预防措施(D6)
	可行性论证	
	研制总要求论证	
研制 生产 (M)	初样研制	①研制生产质量管理计划(M1);②资源管理(M2);③管理评审实施(M3);④过程监督和控制(M4);⑤文件和记录的控制(M5);⑥交流与沟通(M6);⑦纠正预防措施(M7)
	试样研制	
	小批量生产	
	大批量生产需求	
	大批量生产	

（续）

准则层	关键事件	特征变量
试验鉴定（T）	初样试验	①试验鉴定质量管理计划（T1）；②资源管理（T2）；③管理评审实施（T3）；④试验质量管理体系认证（T4）；⑤文件和记录的控制（T5）；⑥交流与沟通（T6）；⑦纠正预防措施（T7）
	初样鉴定评审	
	定型试验	
	定型鉴定评审	
使用维修（U）	装备部署	①使用维修质量管理计划（U1）；②资源管理（U2）；③过程监督和控制（U3）；④文件和记录的控制（U4）；⑤交流与沟通（U5）；⑥纠正预防措施（U6）
	装备动用	
	装备贮存	
	装备维修	
部队使用满意度（S）	装备直接质量	①操作使用简捷方便（S1）；②战技术性能指标（S2）；③平均故障间隔时间（S3）；④维修服务质量（S4）
	装备维修服务	

注：评价特征变量的选取，是依据基于"P（Planning）—D（Do）—C（Check）—A（Action）"的循环结构来确定的

3. 评价指标体系的建立

基于上述分析，本书建立了如图 7 - 2 所示的武器装备一体化质量管理

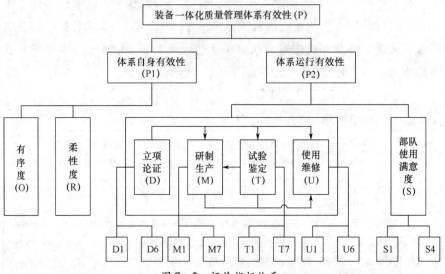

图 7 - 2　评价指标体系

体系有效性评价指标体系[168,169]。

图 7 - 2 表明,第一,从指标体系的构成上看,整体上属层次结构,局部上具有网络结构,是一种混合型指标体系结构形式;第二,基于系统论的观点,系统结构决定系统功能,从这个意义上讲,装备质量管理体系的组织结构对体系运行具有重要影响。因此,体系自身有效性对体系运行有效性具有一定的影响关系;第三,组织结构的优劣,本书通过其有序度和柔性度来测度分析(具体内涵见 7.3.1 节);第四,对于最底层的属性要素之间的影响关系,考虑到计算的复杂性问题,本书不予以考虑。

7.2.3　评价标准确定

评价就是人们参照一定标准对客体的价值或优劣进行评判比较的一种认知过程,同时也是一种决策过程。本书在 7.2.2 节建立了武器装备一体化质量管理体系有效性评价的指标体系,这些指标因素中既有可以定量描述的因素,也有只能定性描述的因素。那么,如果参与定量计算,如何给出各个指标因素的量化值呢? 因此,必须设计合理的评价标准,确保能够用数值评判各指标要素的优劣程度[170-176],表 7 - 2 为评判体系运行有效性的基本准则(注:体系本身有效性评价可直接量化计算)。

表 7 - 2　体系运行有效性评价指标量化标准

特征变量	具体要求
质量管理计划	(1) 计划内容的系统性和完备性; (2) 计划要体现对目标的研究与分解、对环境的调查与分析、对职责权限的合理划分; (3) 着眼于质量形成全寿命周期展开策划; (4) 计划之间要有良好的接口; (5) 计划的变更与调控
资源管理	(1) 人员构成的合理性(内聚力、专业素质、责任),人员的学习与培训,人员的发展; (2) 基础设施与工作环境; (3) 信息化管理手段的运用
管理评审实施	(1) 管理评审程序的正规化、规范化、制度化; (2) 管理评审方式的科学化、合理化; (3) 管理评审结果的评判

（续）

特征变量	具体要求
过程监督与控制	（1）过程绩效数据分析； （2）内部审核情况； （3）不符合控制情况
文件和记录的控制	（1）管理手册； （2）文件控制； （3）记录控制
交流与沟通	（1）信息的交流与沟通； （2）相关方的交流与沟通； （3）组织文化建设
质量管理体系认证	（1）专业认证审核情况； （2）体系持续改进能力； （3）体系建设技术水平； （4）体系监督检查
纠正预防措施	（1）预防措施； （2）纠正措施； （3）改进措施
操作使用简捷方便	
战技术性能指标	
平均故障间隔时间	基于部队使用满意度的实证调查分析
维修服务质量	
评判分值	评判准则
$[90,100)$	（1）针对该评分项的具体要求，全部有系统、有效的方法（A）； （2）方法得到了充分的展开，在任何部门均无显著的弱项或差距（D）； （3）基于事实、系统的评价和改进等管理工具，通过组织级的分析和共享，得到精确的、创新的结果（L）
$[80,90)$	（1）针对该评分项的具体要求，有系统、有效的方法（A）； （2）方法得到了很好的展开，无显著差距（D）； （3）基于事实、系统的评价和改进等管理工具，存在清晰的证据，证实通过组织级的分析和共享，得到精确的、创新的结果（L）

（续）

特征变量	具体要求
[70,80)	（1）针对该评分项的大体要求，有系统、有效的方法（A）； （2）尽管在某些方面或部门的展开有所不同，但方法还是得到了较好的展开（D）； （3）有了基于事实、系统的评价和改进的过程，以改进关键过程的效率和有效性（L）
[60,70)	（1）针对该评分项的大体要求，有系统、有效的方法（A）； （2）尽管在某些方面或部门还处于展开的初级阶段，但方法还是被展开了（D）； （3）有系统的方法，评价和改进关键过程（L）
(0,60)	（1）针对该评分项的大体要求，开始有系统的方法（A）； （2）在大多数方面或部门，处于方法展开的初级阶段（D）； （3）处于从"对问题做出反应"到"一般性改进导向"方向转变的初期阶段（L）

注：A（Approach）—方法；D（Deployment）—展开；L（Leanring）—学习

几点说明：

第一，武器装备一体化质量管理体系有效性评价准则的确定，是参照国家标准《卓越绩效评价准则》的评价标准制定的。

第二，评判准则中提及的"方法"，是指为满足装备质量管理的要求而采用的管理途径或方式。评价"方法"时，考虑的因素包括方法的适宜性、可用性、可重复性和体现程度等。

第三，评判准则中提及的"展开"，是指"方法"的应用程度。评价"展开"时，主要考虑相关工作部门对方法的使用情况。

第四，评判准则中提及的"学习"，是对"方法"的改进完善。评价"学习"时，主要考虑相关工作部门持续改进的理念、鼓励通过创新对方法进行突破性改变、对改进创新的分享等。

第五，对于特征变量的评价，本文基于关键事件提取指标数据。

7.3　武器装备一体化质量管理
体系有效性评价方法

7.3.1　评价方法选取

武器装备一体化质量管理体系有效性的评价包括两个方面,一是体系本身的评价;二是体系运行的评价。对于体系本身的评价,实质上是对组织结构的评价;对于体系运行的评价,实质上是对组织运行效果的评价。那么,应选取什么样的方法,进行有针对性地评价呢? 本节进行定性地分析与论述。

1. 熵模型的引入

武器装备一体化质量管理体系本身的有效性评价,实质上是对体系组织结构的评价。根据系统组织结构的定义,可将装备质量管理体系组织结构界定为组织机构构成及其相互关系。这种组织机构之间的关系表现为垂直方向的和水平方向的,从上向下的指令和从下向上的报告构成了管理系统信息的纵向流;而每个管理层次按水平方向把各个职能分系统的信息贯通起来,称为信息的横向流,这就构成了纵横交错的信息网络,综合了各职能部门的目标和规划,从总体上使各部门或职位协调统一。这种信息流动的效能,实质上反映了组织结构设计的优劣。而信息流动的效能主要表现为:一是信息传播的时效性;二是信息传播的准确性;三是组织重构信息的能力,即组织面对环境变化所表现出的适应性,即组织的有序度和柔性度。

因此,综合分析文献[177–182],本书引入熵模型来测度分析组织结构的有序度和柔性度。

2. 集对分析方法的引入

除了对体系静态结构的评价外,对体系运行的评价应采用什么样的方法呢? 从目前的研究来看,常用的方法有评分法、模糊综合评判法、灰色系统理论法、TOPSIS 法等。评分法的主观性太强,对于不确定性因素较多的系统进行评判,误差很大;模糊综合评价法、灰色系统理论法、TOPSIS 法是当前系统评价的重要手段,但是这些方法只能给出单一的评判结果,难以反映装备质量管理系统不同层次、不同方面的管理状况。因此,本书引入集对分析方法[183,184]，具体原因如下：

第一，装备质量管理问题，其评价指标基本为定性的不确定性因素，对不确定性系统进行定量描述是集对分析方法的最重要应用范畴。

第二，装备质量管理体系运行绩效分为若干等级，例如基于模糊综合评判法得出的评价结果一般为一个数值及其对应的等级（例如评价结果89、等级为良），却难以反映出各评价指标的同异反联系，无法预测质量管理体系运行的发展趋势，不利于体系建设的改进与完善。而基于集对分析方法的评价结果适用性强，能够从不同层次、不同方面反映装备质量管理体系运行的效果程度。

第三，集对分析方法运算简便，只涉及一元函数的累加运算，容易为广大工作人员接受。

因此，本书引入集对分析方法解决武器装备一体化质量管理体系运行有效性评价问题。

7.3.2　基于熵模型的武器装备一体化质量管理体系组织结构评价

在管理学中，熵理论在研究组织结构有序度和适应环境变化的柔性度方面已成为一个有效工具。对于组织结构中流动的信息，人们最关心的是它的时效性、准确性和组织重构信息的能力。因此，引入组织结构的时效熵、质量熵、变化熵来刻画组织结构的特征[185]。用 R 表示组织结构的熵评价结果，R 越大组织结构越优。组织结构的熵分析模型如下：

$$R = \alpha R_1 + \beta R_2 + \gamma R_3 \qquad (7-1)$$

式中：R_1、R_2、R_3 分别表示组织信息流动的时效、质量、适应性；α、β、γ 分别为其权重系数，且 $\alpha + \beta + \gamma = 1$。

1. 组织结构的时效

定义 1：时效及时效熵，把信息在组织各元素之间的传递过程中信息流通迅速程度的大小称为组织结构的时效。而把反映信息在组织中或元素间流通时效性的不确定性大小的度量称为组织的时效熵。

$$R_1 = 1 - \frac{H_1}{H_{1m}}, R_1 \in [0,1] \qquad (7-2)$$

式中：H_1 表示系统总的时效熵；H_{1m} 表示系统最大时效熵。

定义 2:系统微观态,从某一角度考察系统时,系统可能呈现或经历的微观状态。

定义 3:状态的微观态总数(A_1),系统演变成某一种状态的可能的途径数叫做状态的微观态总数。状态的微观态总数越大,则系统最终处于这种状态的可能性也就越大。而每个微观状态出现的概率称为系统微观态实现概率($P_1(ij)$)。

$$A_1 = \sum_i \sum_j L_{ij} \qquad (7-3)$$

式中:L_{ij} 为两元素的联系长度,定义为结构中该两元素的最短路径,直接相连的长度为 1,每中转一次长度加 1。

$$P_1(ij) = \frac{L_{ij}}{A_1} \qquad (7-4)$$

定义 4:联系的时效熵,系统纵向上下级任意两个元素之间的时效熵($H_1(ij)$)。

$$H_1(ij) = -P_1(ij)\log P_1(ij) \qquad (7-5)$$

定义 5:系统总的时效熵(H_1)和最大时效熵(H_{1m}),分别定义为

$$H_1 = \sum_{i=1}^{n} \sum_{j=1}^{n} H_1(ij) \qquad (7-6)$$

$$H_{1m} = \log A_1 \qquad (7-7)$$

2. 组织结构的质量

定义 6:质量和质量熵,信息在组织或元素中流通时准确性大小的测度称为组织结构　的质量;质量熵则描述信息质量不确定性的大小。

$$R_2 = 1 - \frac{H_2}{H_{2m}}, R_2 \in [0,1] \qquad (7-8)$$

式中:H_2 表示系统总的质量熵;H_{2m} 表示系统最大质量熵。

定义 7:元素的联系跨度(k_i),结构图中与该元素有直接联系的元素数量。

依据组织结构时效定义,同理可知:

$$H_{2m} = \log A_2 \qquad (7-9)$$

$$A_2 = \sum_i k_i \qquad (7-10)$$

$$H_2 = \sum_{i=1}^{n} H_2(i) \qquad (7-11)$$

$$H_2(i) = -P_2(i)\log P_2(i) \qquad (7-12)$$

$$P_2(i) = \frac{k_i}{A_2} \qquad (7-13)$$

式中：A_2 为组织的质量微观态总数；$H_2(i)$ 为元素的质量熵，描述本元素在信息传递过程中出错机会的不确定性；$P_2(i)$ 为组织质量微观态实现概率。

3. 组织结构的适应性

定义 8：环境变化导致的系统微观态总数（A_3），新增项目所产生的所有信息通道的联系数。组织中单个要素内部沟通联系数为 1，不同部门之间的成员沟通跨一个部门增加 1，同级部门之间的联系数为 1。

定义 9：环境变化后元素的微状态概率（$P_3(i)$），要素 i 在组织变化过程中信息沟通消耗的微状态概率。

$$P_3(i) = \frac{\text{与元素 } i \text{ 有关的主动联系数} - \text{有效主动联系数}}{A_3} \qquad (7-14)$$

定义 10：变化熵，组织结构受任务冲击时，信息流通不确定性的度量。假设组织结构中有 N 个要素参与新的任务，则要素的变化熵和组织结构的变化熵为

$$H_3(i) = -P_3(i)\log P_3(i) \qquad (7-15)$$

$$H_3 = \sum_{i=1}^{N} H_3(i) \qquad (7-16)$$

因此，组织结构对环境变化的适应度为

$$R_3 = 1 - \frac{H_3}{H_{3m}}, R_3 \in [0,1] \qquad (7-17)$$

式中：H_{3m} 为组织结构的最大变化熵，$H_{3m} = \log A_3$。

7.3.3　基于集对分析理论的武器装备一体化质量管理体系运行有效性评价

1. 集对分析方法的基本原理

集对分析是我国学者赵克勤提出的一种针对确定与不确定性问题进行定量分析的新理论[186]，其核心思想是从同、异、反 3 个方面运用集对联系度来描述 2 个事物的确定与不确定性，其表达式为

$$u = a + bi + cj \qquad (7-18)$$

式中：a、b、c 分别表示 2 个事物的同一度、差异度和对立度，$a,b,c \in [0,1]$，

且 $a+b+c=1$，i 为差异度系数，取值区间为 $[-1,1]$，j 为对立度系数，取值为 -1。

例如，100 人对某方案实施评价，2/3 人同意方案才能通过，在第一轮投票中 60 人赞成，30 人弃权，10 人反对。那么，方案与评价人的联系度可记为

$$u = \frac{60}{100} + \frac{30}{100}i + \frac{10}{100}j \qquad (7-19)$$

可见该方案在第一轮投票中未能通过，那么，如何争取评价人来确保方案通过呢？就要将弃权的 30 人继续分解，找出偏向赞成的人。因此，联系度 u 可以在不同层次、不同方面进一步作以展开：

$$u = a + b_1 i_1 + b_2 i_2 + \cdots + b_{n-2} i_{n-2} + cj \qquad (7-20)$$

综上所述，运用式（7-20）可对装备质量管理体系运行有效性进行评价。

2. 武器装备一体化质量管理体系运行有效性评价的集对分析模型

运用集对分析理论进行体系运行有效性评价，就是将实测装备质量管理体系运行指标与既定评价标准一起构成一个集对，若实测指标处于最优评价标准之内，则认为是同一性联系，此时 $\mu=1$；处于最低评价标准之内，则认为是对立性联系，此时 $\mu=-1$；处于中间层，则认为是差异性联系，此时 $\mu = a + bi + cj$，且 $u \in (-1,1)$。处于这一范围内的评价指标对质量管理体系运行状况具有不确定性，若健全、完善质量管理措施，则质量管理体系运行向协调高效方向发展，反之，运行效率将逐步降低。

1）指标权重的确定

依据图 7-2 所示，关于体系运行有效性的评价，共包含 5 个评价指标，即 D（立项论证）、M（研制生产）、T（试验鉴定）、U（使用保障）和 S（部队满意度），其中前 4 个指标存在直接影响关系，因此，本书将其作为一个整体来计算，综合专家的意见，前 4 项指标权重为 0.7，S 的权重为 0.3。

对于前 4 项指标，各指标间存在相互影响关系，本书基于 ANP 方法进行计算。

首先，基于 AHP 方法计算相互独立时各指标权重值。本书在综合专家意见的基础上认为，在立项论证阶段装备质量管理效能的发挥对后续装备质量管理起着决定性作用，而在研制生产阶段的装备质量监督在整个装备质量形成过程发挥着重要保证功能。因此，在 D、M、T、U 各指标相互独立

时,其重要关系为 $D > M > T > U$。具体权重值计算如表7-3所列。

表7-3　独立指标权重值

W_1	D	M	T	U	权重	W_1	D	M	T	U	权重
D	1	3	5	7	0.565	T	1/5	1/3	1	3	0.118
M	1/3	1	3	5	0.262	U	1/7	1/5	1/3	1	0.055

其次,基于AHP方法计算各指标间影响关系权重值。依据图7-2中武器装备一体化质量管理体系运行有效性评价指标可知,一级指标体系中 D、M、T、U 的影响关系为,立项论证阶段(D)对研制生产阶段(M)、试验鉴定阶段(T)、使用保障阶段(U)装备质量管理均产生重要影响,但其影响程度不同,即 D 对 M 的影响程度大于 D 对 T 的影响程度,D 对 T 的影响程度大于 D 对 U 的影响程度。其他指标的影响关系为,M 对 U 存在影响关系,T 对 M 和 U 存在影响关系。在各项指标相互影响的情况下,每个指标因素都应体现出对其他指标的贡献。例如,指标 M 受到 D、T 的影响,因此,其指标权重值1应依据影响重要程度分配给 D、T 相应比例,本书计算得出,M 分配给 D、T 的权重值分别为 0.188 和 0.081,本身权重值为 0.731(0.188 + 0.081 + 0.731 = 1)。具有影响具体权重值计算见表7-4。

表7-4　指标影响关系权重值

W_2	D	M	T	U
D	1	0.188	0.125	0.046
M	0	0.731	0	0.203
T	0	0.081	0.875	0.094

因此,准则层前4项指标权重为

$$W = W_2 \times W_1 = [0.632, 0.203, 0.129, 0.036]$$

在要素层,假设各指标间是独立的,基于AHP法计算各指标的权重为

$$[D_1, D_2, \cdots, D_6] = [0.1252, 0.2359, 0.475, 0.0505, 0.0326, 0.0808]$$

$$[M_1, M_2, \cdots, M_7] = [0.0977, 0.1438, 0.2461, 0.3962, 0.036, 0.0222, 0.058]$$

$$[T_1, T_2, \cdots, T_7] = [0.0977, 0.1438, 0.2461, 0.3962, 0.036, 0.0222, 0.058]$$

$$[U_1, U_2, \cdots, U_6] = [0.1252, 0.2359, 0.475, 0.0505, 0.0326, 0.0808]$$

2) 集对分析模型的构建

设 I_a 为武器装备一体化质量管理体系运行有效性评价准则层指标,其中 $a \in [1, 4]$。设 I_{ak} 为绩效评价要素层指标,表示准则层第 a 个指标下的第 k 个要素指标,其中 $k \in [1, 7]$。由于共划分5个评价等级,因此,构建5元联系数即可。

（1）武器装备一体化质量管理体系运行有效性评价要素层 I_{ak} 的 5 元联系数：

$$u_{ak} = r_{ak1} + r_{ak2i_1} + r_{ak3i_2} + r_{ak4}i_3 + r_{ak5}j \tag{7-21}$$

式中：u_{ak} 为要素层装备质量管理体系运行有效性的综合评价；r_{ak1}，r_{ak2}，$\cdots$，r_{ak5} 为要素层指标各评价等级的系数。该系数的确定方法为：

步骤 1：根据装备质量管理寿命周期不同的阶段，分别邀请某型装备质量主管业务部门、研制生产单位、军代表、试验鉴定单位、装备使用部队、装备质量管理专家等组成评价小组，依据各指标的评价等级，给出评价意见。

步骤 2：依据各评价成员对该型装备质量管理情况的了解程度、参与状况，以及权威性，赋予各成员不同权重，并按照加权求和的方法，综合得出各指标的实评值 Q。

步骤 3：按照表 7-5 的计算方法，得出要素层各指标的联系数。

表 7-5　要素层各指标联系数计算方法

条件	5 元联系数 I_{ak}
$Q \geqslant 90$	$1 + 0i_1 + 0i_2 + 0i_3 + 0j$
$90 \geqslant Q \geqslant 80$	$\dfrac{\lvert Q-80\rvert}{90-80} + \dfrac{\lvert Q-90\rvert}{90-80}i_1 + 0i_2 + 0i_3 + 0j$
$80 \geqslant Q \geqslant 70$	$0 + \dfrac{\lvert Q-70\rvert}{80-70}i_1 + \dfrac{\lvert Q-80\rvert}{80-70}i_2 + 0i_3 + 0j$
$70 \geqslant Q \geqslant 60$	$0 + 0i_1 \dfrac{\lvert Q-60\rvert}{70-60}i_2 + \dfrac{\lvert Q-60\rvert}{70-60}i_3 + 0j$
$60 \geqslant Q \geqslant 50$	$0 + 0i_1 + 0i_2 \dfrac{\lvert Q-50\rvert}{60-50}i_3 + \dfrac{\lvert Q-50\rvert}{60-50}j$
$Q \geqslant 50$	$0 + 0i_1 + 0i_2 + 0i_3 + 1j$

（2）武器装备一体化质量管理体系运行有效性评价准则层 I_a 的 5 元联系数：

$$u_a = r_{a1} + r_{a2}i_1 + r_{a3}i_2 + r_{a4}i_3 + r_{a5}j \tag{7-22}$$

式中：u_a 为准则层武器装备一体化质量管理体系运行有效性的综合评价；r_{a1}，r_{a2}，$\cdots$，r_{a5} 为准则层指标各评价等级的系数。该系数的确定方法为

$$r_{am} = \sum_{k=1}^{7} w_{ak}r_{akm}, 1 \leqslant m \leqslant 5 \tag{7-23}$$

式中：w_{ak} 为要素层各指标权重的分量。

（3）武器装备一体化质量管理体系运行有效性综合评价

$$u = 0.7(r_1 + r_2 i_1 + r_3 i_2 + r_4 i_3 + r_5 i_j) + 0.3S \qquad (7-24)$$

式中：u 为武器装备一体化质量管理体系运行有效性综合评价结果；$r_1, r_2, \cdots,$ r_5 为目标层各评价等级的系数。该系数的确定方法为

$$r_m = \sum_{a=1}^{4} w_a r_{am}, \quad 1 \leqslant m \leqslant 5 \qquad (7-25)$$

式中：w_a 为准则层各指标权重的分量。

由于 u 为 5 元联系数，且 $u \in [-1, 1]$，所以，按照"均分原则"，将 $[-1,$ $1]$ 均分为 5 个分界点，得出 $i_1 = 5, i_2 = 0, i_3 = -0.5, j = -1$，同时可计算出 u 值。由于评价共分 5 个等级，因此，将 $[-1, 1]$ 均分为 5 个区间，即优 $[0.6,$ $1)$、良 $[0.2, 0.6)$、一般 $[-0.2, 0.2)$、较差 $[-0.6, -0.2)$、差 $[-1, -0.6)$。根据　值隶属的区间即可判定其评价等级。

7.4　案 例 分 析

7.4.1　背景介绍

装备质量管理体系，是确保武器装备建设质量的重要组织保证。经过多年的建设与发展，我军武器装备质量管理体系建设取得了长足的进步。但是，新世纪新阶段，随着我军武器装备建设速度越来越快、发展规模越来越大、科技水平越来越高，对武器装备质量建设能力提出了新的更高的挑战。本书正是基于这样的背景下开展内容研究的，按照"健全要素、完善功能；优化结构、调整职能；理顺关系、提高效能"的基本原则，构建了武器装备一体化质量管理的组织体系、运行体系和计划体系。如何揭示体系建设的有效性？依据武器装备一体化质量管理体系有效性评价分析，一是对体系本身的有效性进行评价；本书通过对比分析现行装备质量管理体系与武器装备一体化质量管理体系组织结构的有效性，进而从理论上证明武器装备一体化质量管理组织结构的优越性；二是对体系运行有效性的评价，通过设置评价观察点，提取评价信息，构建评价指标体系，基于 SPA 方法开展体系运行的有效性评价。

7.4.2　抽象运行结构

1. 当前装备质量管理体系抽象运行结构

将图7－3用简化图7－4表示。

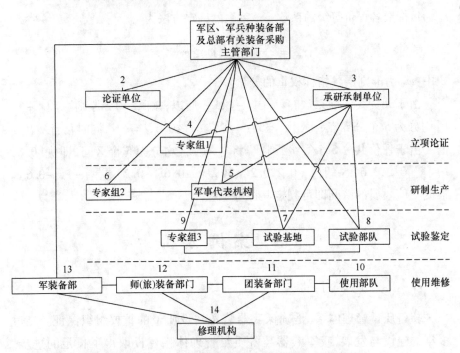

图7－3　当前装备质量管理体系抽象运行结构

2. 武器装备一体化质量管理体系抽象运行结构

如图7－5所示。

将图7－5用简化图7－6表示。

装备质量管理机构之间的链接,主要以信息为主,不一定是相互之间的从属或控制关系,具有强信息联系的机构之间就存在相互链接。因此,可以用组织结构的有序度和柔性度计算比较分析。

7.4.3　计算与讨论

1. 关于体系本身有效性评价的计算与讨论

1）相关计算[187,188]

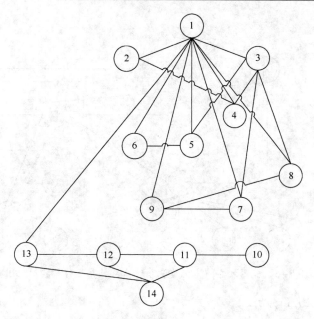

图 7-4　当前装备质量管理体系抽象运行结构简化图

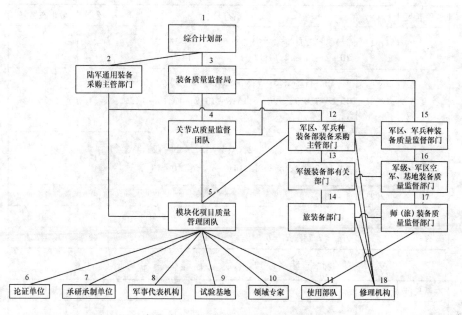

图 7-5　武器装备一体化质量管理体系抽象运行结构

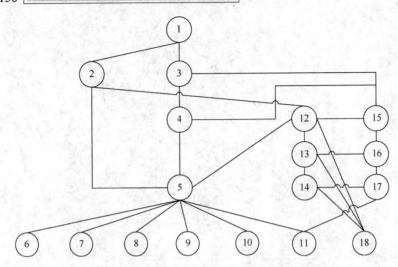

图7-6 武器装备一体化质量管理体系抽象运行结构简化图

见表7-6～表7-9。

表7-6 当前装备质量管理体系组织时效计算

联系长度	$P_1(ij)$	联系符号	合计	微观态数量
1	1/2	$211-2\cdots9,13;2-4;3-4,5,7,8;5-6;7-9;8-9;$ $10-11;11-12,14;12-13,14;13-14$	23	23
2	2/221	$1-12,14;2-3,5\cdots9;3-6,9;4-5\cdots13;5-7,8,9,$ $13;6-7,8,9,13;7-8,13;8-13;9-13;10-12,14;$ $11-13$	34	68
3	3/221	$1-11;2-12,14;3-12,14;4-12,14;5-12,14;6-$ $12,14;7-12,14;8-12,14;9-12,14;10-13$	18	54
4	4/221	$1-10;2\cdots9-11$	9	36
5	5/221	$2\cdots9-10$	8	40
合计	1	$H_{1m}=7.788,H_1=6.348,R_1=0.185$	92	$A_1=221$

表7-7 武器装备一体化质量管理体系组织时效计算

联系长度	$P_1(ij)$	联系符号	合计	微观态数量
1	1/346	$1-2,3;2-5,12;3-4,15;4-5,15;5-6\ 12;11-17;$ $12-13,15,18;13-14,16,18;14-17,18;15-16;16-17$	26	26

（续）

联系长度	$P_1(ij)$	联系符号	合计	微观态数量
2	2/346	1－4,5,12,15;2－4,6 11,13,15;3－5,12,16;4－6 12,16;5－13,15,17,18;6－7 12;7－8 12;8－9 12; 9－10 12;10－11,12;11－12,14,16;12－14,16;13－15,17; 14－16;15－17	57	114
3	3/346	1－6 11,13,18;2－14,16,17;3－6 11,13,17,18;4－13, 17,18;5－14,16;6 10－13,15,17,18;11－13,15,18; 12－17;14－15	50	150
4	4/346	1－14,17; 3－14;4－14; 6 10－14,16	14	56
合计	1	$H_{1m}=8.435, H_1=7.094, R_1=0.159$	147	$A_1=346$

表 7－8　当前装备质量管理体系组织质量计算

联系长度	$P_2(i)$	联系符号	合计	微观态数量
1	1/46	10	1	1
2	2/46	2,6	2	4
3	3/46	4,5,7,8,9,11,12,13,14	9	27
5	5/46	3	1	5
9	9/46	1	1	9
合计	1	$H_{2m}=5.524, H_2=3.634, R_2=0.342$	14	$A_2=46$

表 7－9　武器装备一体化质量管理体系组织质量计算

联系长度	$P_2(i)$	联系符号	合计	微观态数量
1	1/50	6,7,8,9,10	5	5
2	2/50	1,11	2	4
3	3/50	2,3,4,14,15,16,17,18	8	24
4	4/50	12,13	2	8
9	9/50	5	1	9
合计	1	$H_{2m}=5.644, H_2=3.413, R_2=0.395$	18	$A_2=50$

　　假如，由于任务需求，要从当前装备质量管理体系中 1、2、3、4 部门各抽调 1 人进行其他项目的论证工作，则当前装备质量管理体系组织变化熵的相关计算如表 7－10 所列。而对于武器装备一体化质量管理体系，如果抽调人员进行其他项目论证工作，主要表现为体系中 2、6、7、11 部门中人员的变化。

由于人员之间的沟通仍可以通过项目管理团队进行,并没有增加其联系长度,因此,其变化熵为0,亦即柔性度为1。

表 7 – 10　组织结构柔性度计算

组织类别	联系数	联系符号	与 i 有关的主动联系数	A_3	p_i	R_3
当前装备质量管理组织结构	3	1 – 2,3,4;2 – 1,4; 3 – 1,4;4 – 1,2,3	9	30	$p_1 = p_4 = (9-3)/30$	0.653
			6		$p_2 = p_3 = (6-2)/30$	

2) 讨论分析

见表 7 – 11。

表 7 – 11　结果分析

组织类别	时效	质量	$R_{有序度}(\alpha = \beta)$	柔性度	$R(\alpha = \beta = \gamma)$
当前组织结构	0.185	0.342	0.264	0.653	0.393
"一体化"组织结构	0.159	0.395	0.277	1	0.517

通过对装备质量管理体系的结构熵计算分析可以看出:

(1)从整体上看,本书构建的武器装备一体化质量管理组织结构要优于现行装备质量管理组织结构。

(2)从局部上看,在信息传递的准确性和组织对环境的适应性两个方面,本书构建的武器装备一体化质量管理组织结构要优于现行装备质量管理组织结构。

(3)从未来的发展上看,随着网络技术与信息技术的深度运用,装备质量管理体系信息量越来越大,组织机构间信息可获取性显著增强,组织结构的时效熵和质量熵都将减少,组织结构具有较高的有序性。此时,对组织结构的柔性度要求会越来越高。因此,可以表明武器装备一体化质量管理组织结构是未来的一种组织发展形式。

2. 关于体系运行有效性评价的计算与讨论

1) 相关计算

对体系运行有效性的评价,首先基于观测点提取特征变量的实测值。提取方法为邀请相关领域专家,依据装备质量管理指标评价标准,对每个特征变量评价打分,最后采取加权求和的方式确定每个特征变量的评价值,为举例计算武器装备一体化质量管理体系运行有效性,假设表 7 – 12 为某型装备质量管理体系运行的一组特征变量的最终评价值。

表 7 – 12 特征变量评价值

序号	D_1	D_2	D_3	D_4	D_5	D_6	
数值	86.4	81	75.4	74.6	91	78.6	
序号	M_1	M_2	M_3	M_4	M_5	M_6	M_7
数值	55.2	78.3	82.2	85.3	77.3	75	78.4
序号	T_1	T_2	T_3	T_4	T_5	T_6	T_7
数值	58	76.5	65.2	82.3	66	87.2	77.8
序号	U_1	U_2	U_3	U_4	U_5	U_6	S
数值	60.5	84.1	79.4	87	71.2	68.5	82.6

依据式(7 – 21)~式(7 – 23)可得出准则层各指标联系数表达式为

$u_1 = 0.1363 + 0.6066i_1 + 0.2571i_2$

$u_2 = 0.2641 + 0.5836i_1 + 0.0509i_2 + 0.0508i_3 + 0.044j$

$u_3 = 0.2801 + 0.5209i_1 + 0.0789i_2 + 0.0926i_3 + 0.0195j$

$u_4 = 0.132 + 0.6047i_1 + 0.1321i_2 + 0.1311i_3$

$S = 0.26 + 0.74i_1$

依据式(7 – 24)、式(7 – 25)可得出装备质量管理体系运行有效性综合评价结果为

$u = 0.2044 + 0.6356i_1 + 0.1315i_2 + 0.0189i_3 + 0.0067j$

将 i_1, i_2, i_3 的值代入上式中计算 u 值为 0.5061,因此,综合来看,该型装备质量管理体系运行状况为良好级别。

2)讨论分析

(1)从局部分析来看,$u_1 = 0.4396$(良)、$u_2 = 0.4865$(良)、$u_3 = 0.4748$(良)、$u_4 = 0.3688$(良)、$u_9 = 0.63$(优)。所以,表明该型装备质量管理体系运行较为平稳,具有较好管理继承性和延续性。

(2)从准则层各指标联系数中趋于优、良、一般的指标比例来看,在立项论证及使用维修阶段,趋于优秀指标比例不高,趋于良好指标比例相对其他阶段也较低。因此,表明加强和完善这两个阶段装备质量管理体系建设应引起重视。

立项论证:0.53 : 2.36 : 1

研制生产:5.19 : 11.47 : 1

试验鉴定:3.55∶6.6∶1

使用维修:1∶4.58∶1

（3）从综合评价结果 u 来看,趋于"一般"评价等级的系数为 0.1315,此值显然低于 $u_1 \sim u_4$ 中该等级的系数的均值,表明在部队满意度评价仍缺少量化展开,这是由于本书直接给出部队满意度值而导致的。实质上来说,部队满意度评价与体系运行的四个阶段评价方法是相同的,可以参照实施。

7.5　本章小结

武器装备一体化质量管理体系有效性综合评价,是衡量武器装备质量管理体系一体化建设优劣的准则,是推进武器装备质量管理体系一体化建设持续改进的重要手段。本章界定了武器装备一体化质量管理体系有效性评价的基本概念,分析了体系有效性评价的影响因素,设计了体系有效性评价的指标体系,确定了体系有效性评价标准,提出了体系有效性评价方法,通过算例分析,验证了体系有效性评价方法的适用性和高效性。图 7-7 为本章各节间的逻辑关系示意图。

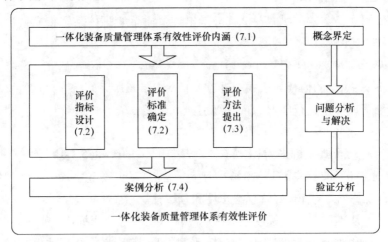

图 7-7　第 7 章各节间的逻辑关系

第8章 推进武器装备质量管理体系 一体化建设的系统思考

本书围绕武器装备质量管理体系一体化建设问题展开研究,提出了武器装备质量管理体系一体化建设的方案构想和方法举措。那么,立足我军武器装备质量建设实际,着眼武器装备建设长远发展,推进武器装备质量管理体系一体化建设应着力解决哪些重点问题,这是本章重点论述的内容。

8.1 把握现实基础,科学统筹规划

8.1.1 以理论创新为引领,指导体系建设顶层设计

我军装备质量管理,受世界装备质量管理思想影响,历经了事后检验、统计质量控制、全面质量管理三个发展阶段,积累了丰富的理论成果。新世纪以来,以信息化为特征的高新技术装备建设快速发展,以此为带动,我军装备发展模式正在由跟踪仿制向自主创新转变。装备技术水平的提高,发展模式的转变,推动了装备质量管理理论研究的创新发展。近年来,在全系统、全寿命、全特性质量管理,质量管理体系基础建设理论,质量管理工程化,质量链理论、技术成熟度评价,精益质量管理等理论方法研究上,取得了突出的成绩。武器装备一体化质量管理体系,正是着眼我军装备建设发展需求,以上述理论为基础,探索的一种装备质量管理体系建设模式,其顶层设计、建设发展也必然以上述理论为指导。因此,在顶层设计方面,一要突出体现全面质量管理理念在组织模式改革上的深度实践;二要突出机制创新、管理技术手段创新对体系建设的推动作用;三要突出新型装备质量管理体系的标准化、规范化运行。

8.1.2　以改革实践为基础,统筹体系建设推进方案

(1) 具备装备质量管理实践的深厚积淀。

经过多年的实践和发展,我军装备质量管理水平显著提升,特别是近年来,出台了"关于进一步加强高新武器装备质量工作的若干要求"、"关于进一步加强新装备质量和管理工作的意见"等若干装备质量管理的指导性文件,为武器装备建设的科学发展奠定了坚实的基础。一是逐步健全了"职权明确"的质量管理组织机构。在研制生产阶段,形成了较为成熟的军代表履约监督制度;在试验鉴定阶段,各试验基地均建立了装备试验质量管理体系,并通过了相关认证;在使用维修阶段,各军区、军兵种都建立了相应的装备质量管理机构。二是逐步形成了"整体协调"的质量管理运行机制,大力推行了一批先进的装备质量管理、评价、监督制度和方法,有效提高了军方质量监督水平。三是逐步建成了"总体完备"的质量管理法规体系。四是大力加强装备质量管理人才队伍建设,逐步形成了规模适度、精干有效的认证审核队伍、军代表体系监督队伍、承制单位质量管理队伍。例如,截至 2010年,在认证审核队伍上,已培养了 140 多名专职审核员,580 多名兼职审核员,内审员 5 万余名。面向研制生产单位、军事代表机构和各级主管部门举办各类培训班 1200 多期,培训各类质量管理人员 6 万余人次。

(2) 具备装备采购制度深化改革的重要基础。

2005 年,中央军委批转了四总部《关于深化装备采购制度改革若干问题的意见》,提出了装备采购制度和军代表制度改革的指导思想、基本原则和总体目标,并确定在海军进行改革试点。当前,装备两项制度的调整改革试点已由筹划准备转入全面展开和深入推进的实践检验阶段。从试点情况看,改革的主要亮点在于对装备采购组织体系和运行方式进行了全新的调整,组建了装备采购中心、装备招标中心、装备合同监理部三个单位。其中,装备采购中心承担采购合同谈判、合同签订和装备采购审价的职能;装备招标中心承担装备采购招标工作;装备合同监理部承担装备质量监督工作(改革军代表派驻模式、试行职业资格制度)。这次改革主要解决了几大问题:一是解决了军代表既当裁判员又当运动员的问题;二是解决了军代表的统一派驻和后勤保障问题;三是实现了合同计划、合同制订、合同监督部门的相对独立、彼此制衡;四是价格工作模式发生重要转变,为装备采购充分竞

争提供平台。上述改革,对于提升装备采购军事经济效益、提高武器装备建设质量具有重要意义。装备采购中心的成立表明了装备采购制度改革走出了实质性步伐,对于推进武器装备一体化质量管理体系具有重要作用。从装备质量管理角度,军代表工作的重点仍然是生产过程的质量监督。多头、分段、分散管理的矛盾仍然存在,全系统、全寿命质量管理问题仍未解决,多方参与质量管理的局面仍未形成,同类、同行业多型号装备采购仍没有形成规模经济。因此,从未来的发展来看,结合武器装备质量管理体系一体化建设,有利于推进装备采购制度改革的全面细化和深入拓展。

综上所述,在筹划武器装备质量管理体系一体化建设的推进方案上,必须与当前装备质量管理体制形成对接,与装备采购制度深化改革方向保持一致,并把握如下三个方面:一是要以持续完善制度机制建设为先行;二是要以优化健全组织体制为关键,把武器装备质量管理体系一体化建设作为装备采购制度改革深化推进方案,纳入装备采购制度改革之中;三是要谋划试点运行方案构想,做好体系建设实施准备。

8.1.3　以法规制度为支撑,保证体系建设有效展开

(1)《武器装备质量管理条例》为体系建设提供了根本的法律遵循。

2010 年 9 月 30 日,国务院总理温家宝,中央军委主席胡锦涛签署第 582 号国务院、中央军委令,公布了《武器装备质量管理条例》(以下简称《条例》),并于 2010 年 11 月 1 日正式施行。该条例的发布施行标志着我国武器装备质量管理及其法制化建设进入了一个新的发展时期。《条例》具有以下显著特征:

一是科学构建了武器装备全方位、全寿命、全系统质量管理新体系,树立了武器装备大质量观,具有显著的系统工程管理特点;《条例》明确了武器装备质量控制从论证抓起,贯穿于研制生产试验维修使用全过程,规定了转阶段和定型等关键重要环节实施审查和评审制度,体现了过程跟踪、节点把关、里程碑考核和系统工程管理思想。

二是系统确定了武器装备质量管理任务要求和技术手段,树立了目标化科学化的管理思想,具有突出的工程实践性特性;《条例》以保证武器装备质量为核心,系统确定了武器装备质量管理的基本任务,及其全寿命周期各阶段质量管理的具体任务,贯彻了目标化的管理思想。《条例》鼓励采用先

进的科学技术和管理方法,以提高武器装备质量管理效能。

三是全面明确了武器装备质量管理责任,具有清晰的责权统一特征。《条例》强化了武器装备质量管理的法律责任,针对不同的违纪违法行为明确了责任追究的主体和范围,规范了责任追究的形式和方式,贯彻了有法可依、违法必究的法制化思想,体现了责任和权利的统一。

武器装备质量管理体系一体化建设模式正是遵循上述特点而设计构建的。所谓"一体化",其实质就是实现全寿命周期装备质量管理的有机链接,确保装备质量管理的"集中统一、协调高效"。武器装备一体化质量管理体系,其组织模式的设计突破了现行装备质量管理组织样式,借鉴了国内外质量管理先进理念和经验做法,采用一种矩阵式的组织模式,树立了科学化的管理思想。武器装备一体化质量管理体系,强调质量管理的计划性,基于各阶段质量管理的目标,计划质量管理活动,实现了目标化、预防性的质量管理思想。武器装备一体化质量管理体系,构建了集"协调、监督、评价、激励、问责"于一体的机制链,细化了《条例》中关于"协调、监督、评价、激励、问责"的实施主体、对象、内容、方法、条件、权限、时机等内容,为实践《武器装备质量管理条例》提供理论支撑。

(2)《装备采购质量监督国家军用系列标准》为体系建设提供重要的法律保障。

2006年10月,总装备部正式颁发了23项《装备采购质量监督国家军用系列标准》(以下简称《系列标准》)。该《系列标准》是在原31项《武器装备订购与质量监督标准》基础上做出的大幅度修订和完善,具有以下显著特征:一方面,注入了武器装备建设发展对装备质量监督管理的新要求,拓展了装备质量监督的范围,新增了部分军用标准。对装备质量监督范围的拓展,主要是补充了立项论证和使用维修阶段的质量监督要求。新增标准主要是《装备试验质量监督要求》、《装备承制单位资格审查要求》等标准。这些也正是武器装备一体化质量管理体系关注的重点。实现"一体式"管理,就是要打破以往重研制、轻论证和使用的弊端,实施"预防性"管理和"反馈式"管理。《系列标准》的出台正是为上述理念的实现奠定了法律基础。另一方面,《系列标准》对装备采购质量监督工作进行了全面的细化和规范,包括质量监督工作的各部门职责、监督时机、监督依据、监督程序、监督方法等。这些为武器装备一体化质量管理体系设计实现装备质量管理活动"有哪些"、"谁来干"、"怎么干"提供了重要参考和指南。

综上所述,推进武器装备质量管理体系一体化建设,已经具备基本的法规制度基础。但同时,为确保武器装备一体化质量管理运行的标准化、规范化,还必须解决如下两方面问题:一是要构建一套能够统一规范装备全寿命质量管理工作的制度体系;二是要细化现行装备质量管理相关制度规范,配套与武器装备一体化质量管理相适应的有关措施要求,这也是下一步需要重点研究的课题。

8.2　理清建设思路,确保稳步实施

武器装备质量管理体系一体化建设,是一项复杂的系统工程,不可一蹴而就,必须保持正确的建设方向,确保稳步、有序推进。推进武器装备质量管理体系一体化建设,应按照"两年设计论证、三年改革试点、五年全面推进"的建设思路有序展开,在 2020 年左右实现装备质量管理能力的全面跃升。

8.2.1　充分论证,系统设计

理论是行动的先导。推进武器装备质量管理体系一体化建设要论证先行、理论引领、系统设计。争取利用两年的时间,打牢推进武器装备质量管理体系一体化建设的基础,即思想基础、人才基础、平台基础、法律基础。武器装备一体化质量管理体系是着眼全寿命质量管理理念设计形成的装备质量管理系统,装备质量管理人员,在继承传统的基础上,必须立足于全面质量管理理念,树立大装备质量观,从事装备质量管理工作;人员是从事装备质量管理工作的最基本要素,也是最重要要素。没有与武器装备一体化质量管理相适应的质量管理人才,一切都无从谈起。因此,必须着力培养项目质量管理人才、装备质量监督人才、质量认证审核人才,为推进武器装备质量管理体系一体化建设提供智力保证(本书 8.5 节作详细论述);武器装备一体化质量管理的重要目标就是实现"全员参与"。如何真正实现"全员参与",除了在组织形态的设计上保证"全员参与"外,还必须有实现"全员参与"的基础手段,即分散在不同地域人员能及时共享相关信息,参与相关决策。信息平台建设就是要解决分散管理带来的弊端,推进"全员参与"理念

的真正落实;法律法规是推行体系建设的重要保障,应逐步制定涵盖我军武器装备全寿命的采购程序,用统一的法规保障全寿命质量管理各阶段工作的一体化。

8.2.2　改革攻关,试点运行

在思想准备、观念转变、理论准备、系统论证、形成普遍共识的基础上,"先试后定",是我军推行重大改革的成功经验和成熟做法。通过试点,可以检验改革方案,为全军全面、稳妥实施改革探索路子、摸索经验。在试点过程中,必须牢牢把握转变装备质量管理模式这一核心要求,在制约装备质量建设的关键环节上求突破,切实为全军推广改革起到引领和示范作用。第一,健全装备质量管理组织机构。以空军为例,应完善空军机关、军区空军、航空兵师装备质量管理机构(决策层—管理层—执行层),将分散在其他单位或部门的装备质量管理职能进行整合,实现装备质量管理工作的集中统一。第二,试点运行武器装备一体化质量管理组织模式。武器装备一体化质量管理的组织模式,实质上是一种项目质量管理模式,除质量管理外,还主要包括进度、成本、风险管理,因此,在实现武器装备一体化质量管理体系时,要建立以质量管理为核心任务的项目管理团队。第三,改进装备质量管理方式方法。包括:①基于信息系统实现装备质量流程管理;②实施装备质量管理集成计划,实现装备质量管理资源要素的实时安排、动态配置;③推行武器装备一体化质量管理运行模式,构建装备质量管理"协调—监督—评价反馈—激励问责"机制链,实现装备质量管理效能"滚动式"提升。

8.2.3　推广深化,全面推进

在改革试点、积累经验的基础上,全面推进武器装备质量管理体系一体化建设。可分如下两步走。第一步,全面推进装备质量管理组织结构和运行方式改革。健全总部机关装备质量管理机构,推进全军各军兵种装备质量管理机构深化改革,实现装备质量管理集中统一。在总结试点运行经验基础上,进一步优化调整武器装备一体化质量管理组织运行方式,确定新形势下装备质量管理组织运行模式。第二步,武器装备一体化质量管理体系有效性的综合评价。跟踪装备质量管理体系运行情况,持续改进装备质量管理体系,推进装备质量管理体系建设与武器装备建设同步发展。

8.3　抓住关键环节，突出建设重点

武器装备质量管理体系一体化建设，涉及装备质量管理诸多资源、要素的优化重组、健全完善，必须紧紧抓住体系建设的关键和重点，逐步细化分解，才能够保证体系建设高效。

8.3.1　以组织模式改革为关键

著名管理学大师圣吉·彼得说："结构影响行为。"我国著名系统工程专家汪应洛认为："系统结构是使系统具备必要的整体功能的内部依据。"这都充分表明了系统结构的内因性。当前，影响和制约我军装备质量管理效率的瓶颈问题在于组织结构问题。因此，立足我军装备管理体制实际，充分借鉴外军装备质量管理先进经验，综合运用现代组织设计理论、质量管理理论、系统科学理论，推进装备质量管理组织模式改革是关键。

武器装备一体化质量管理体系，是基于上述背景产生的一种装备质量管理新体系，是着眼于我军装备管理体制建设现状，推进我军武器装备又好又快发展的路径选择。如前文所述，理论上表明，是适应我军武器装备发展趋势，符合我军武器装备建设规律的可行路径。如何有效融合到我军现行装备采购体制之中，发挥其最大功能和效用，本书提出两种实施方案，对解决武器装备一体化质量管理组织模式的应用问题将发挥重要作用。

方案一：以现行海军试点装备采购中心模式为基础，引入前文研究提出的模块化项目质量管理模式，实现装备全面质量管理。具体来说，就是在现行装备采购中心职能的基础上（合同谈判、签订、审价），增加"以质量管理为核心任务"的项目管理职能。在装备采购的全寿命过程，项目质量管理模块负责装备质量管理工作（"小核心、大外围"式工作模式）。

方案二：将现行试点运行的装备采购中心的职能定位为项目管理，包括合同谈判、审价、后勤、财务、工程技术、培训等职能纳入管理支持中心，按照本书提出的专业采购中心模式试运行（"横向型"组织形式，具体内容见4.3.3节）。

8.3.2　以完善运行机制为重点

完善的机制是提高管理体系运行效率的倍增器，是装备质量管理体系建设的重点。当前,我军装备质量管理监督、评价、激励等运行机制建设方面取得了诸多成功经验。而武器装备一体化质量管理运行机制建设,着眼于管理要素的多阶段整体联动,实现螺旋上升式运行模式,是对现行装备质量管理运行机制建设的有力补充。在前文对运行机制建设系统研究的基础上,作者认为应突出把握如下几个重点:

(1)多阶段综合协调机制。例如,建立装备部门与国防科技工业主管部门高层会议制度,解决装备全寿命管理的统筹协调问题;建立装备全寿命管理各阶段工作协调机制,实现全寿命各阶段工作的有效衔接和联动;建立关键环节之间的共同计划制度,有利于实现信息的高效传递。

(2)关节点评价反馈机制。区分重要关节点和一般关节点,运用多样化的评价方法,构建多种形式的反馈渠道,实现质量信息的闭环流动,确保装备质量管理的动态优化。

(3)联合激励与约束机制。充分考虑激励机制影响效应的传递性,全面把握激励与约束的关键环节,注重采用多种激励与约束手段相结合的方式,构建复合式装备质量管理激励与约束机制。

(4)全过程监督控制机制。过程监督是我军现行装备质量管理的重要运行制度。除坚持日常的军事代表履约监督外,还应把监督机制拓展到寿命周期全过程。

8.3.3　以信息平台建设为支撑

武器装备一体化质量管理体系,推进组织形式的改革,实现管理手段与方法的创新,其基本依托是武器装备一体化质量管理组织平台建设(见本书4.4节)。该平台的功能不仅仅实现信息的传递、交流及反馈,更重要的是实时记录、存储质量现象,依据不同的使用权限,查寻、管理、控制、监督质量信息。这一平台是个"开放共用"的系统。所谓的开放,是指对有权参与装备质量管理要素的开放,并非是无限制性的。另外,平台是由多功能模块组成的联盟体,在这样一个联盟体中,一部分机构单元构成了平台系统,成为了联盟体的基础和核心。例如,质量办公室、军代表机构等。一部分机构单元与平台系统相连,成为平台的合作体,例如,质量咨询机构、质量认证机构、质量评价机构等。

推进武器装备一体化质量管理组织平台建设,有两种方式:一种构建方式是对现有系统进行改造;另一种构建方式是新开发,即根据实际需要,在完成目标和功能设计后,直接建立一个新的平台系统。从立足现实的角度出发,这两种构建方式应兼而有之。对于装备质量管理的软规则要实施进一步的健全与完善,对于缺少的功能进行重新开发与建设。当平台系统建成后,则通过功能窗使各参与者进入平台系统,履行其职责。

8.4　厘清相互关系,推进协调发展

8.4.1　正确处理当前情况与长远发展的关系

新形势下,加强装备质量管理体系建设,武器装备质量管理体系一体化建设,是一项艰巨而又复杂的任务,只有大胆探索、大胆创新、大胆实践,才能够切实把改革成功推向前进。

一方面,武器装备一体化质量管理体系,是符合新形势下我军装备质量管理体系建设需求的目标模式,是一项崭新的体系工程。因此,一定要坚持积极探索、不断创新的改革精神,勇于打破传统装备质量管理认识的限制,充分认清质量管理工作在装备全寿命管理中的核心作用,不断地在管理模式、组织方式和运行机制上寻求新突破,不断地改进方法、革新技术、完善手段,实现装备质量管理的精细化、信息化和定量化,努力走出一条具有我军特色的装备质量管理道路。

另一方面,新形势下武器装备质量管理体系一体化建设,必然涉及组织方式的调整、运行机制的完善、责权关系的重新划分等等,这些均揭示了其创建过程的艰巨性和复杂性。因此,一定要具备大胆实践的勇气,只有这样,才能够把最新理论应用于实践,并真正取得改革成效。

8.4.2　正确处理质量管理与进度、费用管理的关系

本文从质量管理的视角,全面论述了提高武器装备建设质量的核心要素——质量。实质上,质量管理从来都不是影响武器装备建设质量的唯一作用力,还受到进度、费用等多重因素的联合制约。因此,装备质量管理体系的建设,并非是孤立的,必须考虑与其因素建设的接口。

一要综合考虑质量管理与进度、费用管理的内在关系,充分识别各因素在装备质量建设具体问题中的重要程度,权衡各因素对装备质量影响的利

弊,切实构建各因素之间的协调机制,确保得出最佳实施方案。二要综合考虑质量管理计划与进度计划的内在关系。进度计划是整个装备采购方案实施的基本依据,因此,制定装备质量管理计划时,必须对进度计划有充分的认知,并实现系统联动功能,即在进度计划变更时,装备质量管理计划也能做到实时调整。三要建立保证机制。武器装备质量是比经济效益更重要、更严肃的政治问题,不能为节省经费,导致该验证的不验证,该充分验证的没验证到位,看似节省了经费,但结果是质量没有得到保证而发生了问题或事故,实际损失更大。因此,必须把保质量作为压倒一切的根本任务来完成,以质量增效益,以质量促发展。

8.4.3 正确处理体系建设与全面质量管理的关系

武器装备一体化质量管理体系,是从军方主导装备质量建设的角度出发,构建的军方装备质量监管系统。着眼全面质量管理理念,一方面,应预留持续改进的接口,不断探索引进其他现代化的质量管理手段、技术和方法,不断推进精细化质量管理,推行多体系融合管理措施,使体系建设不断改革、深化和完善;另一方面,还必须与装备承研承制方质量管理体系有机融合,发挥好军方的主导作用,有效推动装备全面质量管理体系建设科学发展。

8.4.4 正确处理内在动力与处部推力的关系

唯物辩证法认为,内因是事物发展的根本动因,外因是条件。就体系建设而言,要正确把握体系建设内在动力与外部推力的关系,要加强相关先进技术的研究与应用推广,提高技术对体系建设的推动作用,同时还要创新监督、检查制度,建立促使体系持续改进的长效机制。

8.5 培育人才队伍,打牢建设基础

人才资源,是武器装备质量管理体系一体化建设顺利推进的第一资源。装备质量管理工作是一项专业性很强的工作,不仅涉及质量管理领域的专业知识,还涉及工程技术、经济、法律等各方面内容,必须有一支结构合理、业务工作精通、工作作风优良的专业化队伍相配套。

8.5.1　大力培育项目质量管理人才

推进武器装备质量管理体系一体化建设,其关键是改革现行装备质量管理的组织模式。武器装备一体化质量管理体系,采用项目质量管理的组织模式,因此,必须拥有一批懂得项目质量管理的专业化队伍才能保证体系建设的顺利推进。项目质量管理团队是装备质量管理体系高效运转的领导力量,如果没有一批合适的人才适应相关岗位,就难以推进这一组织模式。首先,项目管理主任。一方面,在能力需求上,除了必须具有专业化的项目管理、质量管理知识外,还必须具备长期的装备采购管理经验;另一方面,在数量规模上,必须拥有与我军武器装备建设发展规模相适应的项目管理人才。因此,一定要有增强提前培养的意识。其次,项目质量管理团队成员。一方面,包括来自承制方、试验方、使用方的管理人员,他们必须具备相应的质量管理专业素质;另一方面,包括质量管理计划人员、控制人员、信息管理人员,他们必须具备进度管理、计划管理、信息化管理等专业素质。那么,这样一大批人员如何生成,人员的能力又如何生成,这都要求我们预有储备。

8.5.2　大力培育装备质量监督人才

装备质量管理体系的核心在于质量监督。我军质量监督采用军代表履约监督模式。在新形势下,推进武器装备质量管理体系一体化建设,对军事代表也提出了新的更高要求。一是军事代表的工作任务有了新的拓展。将以前在研制生产阶段实施质量监督的工作重点,向全寿命周期的其他阶段拓展。二是工作要求有了新的挑战。信息化武器装备采购的质量监督,不仅要求军事代表具有监督管理工作的基本素质,还必须具备一定的相关专业的工程技术素养,做到质量监督有一定的专业发言权。三是从业资格有了新的要求。与现行军事代表制度改革相适应,武器装备一体化质量管理,军代表从业资格的获取要通过相应资质认证。综合来看,新形势下大力培育军事代表人才至关重要。

8.5.3　大力培育质量认证审核人才

质量管理体系认证,是规范和强制推动质量管理体系建设的有效手段。我军构建了以军工产品质量体系认证委员会为核心、以认证机构为依托的组织机构,制定了专门的国家军用标准,形成了体现军品特色的质量管理体系认证模式。随着形势和任务的发展,质量认证与审核弊端不断显现。重体系建立、轻体系运行的思想较为严重;认证技术跟不上也严重制约了武器装备建设质量。因此,为提高武器装备质量管理体系一体化建设的质量和效益,针对装备信息化建设对质量管理体系认证提出的新要求,应加大质量认证审核队伍、认证风险管理队伍、认证技术研究队伍的培训力度,切实发挥质量认证审核功能作用,促进装备质量管理水平的全面提升。

8.5.4　着力构建质量专家咨询队伍

装备全寿命质量管理过程中,客观公正的评价机制对于平衡各方利益、调节各方矛盾具有重要的作用,专家队伍是保证评价工作客观公正的重要力量,因此,需要加强和完善装备质量管理各类专家队伍的建设。一是根据装备质量管理不同阶段、不同类型工作的需要,建立多个专家库;二是要对专家队伍实行有效的管理,要严格专家入库的挑选程序,要有考核、有公示,要严格专家参加评价工作的程序,要实行避嫌、多选一、随机选等制度,保证评价的公正性和可信度;三是要建立专家言行负责的机制,在参与评价工作过程中,实行严格的签字确认制度,据此对专家的工作进行有效的监督和评价。

参 考 文 献

［1］常万全．深入贯彻落实科学发展观,不断提高我军装备质量建设水平［J］.装备,2008(2):5－7.

［2］中国共产党第十七次全国代表大会文件汇编［M］.北京:人民出版社,2007.

［3］吴陵生．美军武器装备质量管理的发展动向［J］.装备质量,2010(2):47－52.

［4］徐伟,吴晓云,刘传旭．美军武器装备质量管理主要特点浅析［J］.世界标准化与质量管理, 2008,(5):37－40.

［5］Introduction to Defense Acquisition Management(Sixth Edition),Published by the Defense Acquisition University Press,November 25,2003.

［6］Defense federal regulation supplement part 246,Government Contract Quality Assurance. Revised September 17,2004:246－251.

［7］Headquarters Department of the Army,Test and Evaluation in Support of Systems Acquisition［R］. Washington,DC,30,May,2003.

［8］Andrew Middleton,Steven Bowns,Keith Hartley. The Effect of Defence R&D on Military Equipment Quality［J］. Defence and Peace Economics,2006,17(2):117－139.

［9］夏良华,贾希胜．基于状态的维修(CBM)应用现状与分析［J］.装备质量,2007(2):7－16.

［10］刘维维,何成铭,刘福胜．基于性能的后勤综述［J］.装备质量,2007(3):23－34.

［11］吴陵生,牛原．美军基于能力的武器装备管理及启示［J］.炮兵学院学报,2010(4):112－114.

［12］张庆．"基于仿真的采办"发展及其现状［J］.地面防空武器,2007(4):54－57.

［13］叶卫平．美国武器装备质量管理的经济手段及其启示［J］.国防科技工业,2008(5):41－43.

［14］赵林榜,游光荣,孙小静．透视外军装备质量管理中经济手段的运用［J］.中国军转民,2008 (1):64－65.

［15］Moshe Schwartz. Defense Acquisitions:How DoD Acquires Weapon Systems and Recent Efforts to Reform the Process［R］. Defense Acquisitions:Overview,Issues,and Options for Congress,2009. 07.

［16］张代平,周德勇．美军渐进式采办方式运行、影响及成效［J］.现代军事,2007(11):67－69.

［17］李宇华,程享明　美军推行精益六西格玛方法加强质量管理［J］.装备质量,2006(12):1－7.

［18］张连超．美国的质量管理奖励制度［J］.装备质量,2006(12):1－7.

［19］吕彬,张代平,程享明,等．外军装备研究生产中质量责任问题研究［J］.装备质量,2008(5):8－16.

［20］王清华,熊晓钟,乐岩．美军采办质量管理研究［J］.军事经济学院学报,2006,13(2):91－93.

［21］吴磊,王春光．美军国防采办项目管理成效及借鉴［J］.经济研究导刊,2009(4):135－136.

［22］张翀,郑绍钰．美军装备采办中项目管理组织模式——IPT研究［J］.国防技术基础,2009(3): 3－6.

［23］莫年春．美国国防部采办质量政策研究［J］.装备质量,2004(9):16－24.

［24］柳治国,张卫东．美军武器装备质量管理体制［J］.外军炮兵防空兵研究,2007(7):44－46.

[25] The smart acquisition handbook, a guide to achieving "faster, cheaper, better and more effectively integrated", edition 5, January 2004.

[26] 程享明. 英国装备采办质量管理[J]. 军用标准化, 2003(1):50 - 55.

[27] 总装备部技术基础管理中心. 北约与英国质量与可靠性、维修性资料选编[J]. 2003(12):148 - 149.

[28] 江元英, 莫年春, 曹秀玲. 英国国防部质量管理及质量认证政策[J]. 质量与可靠性, 2005(4):52 - 55.

[29] 王汉功, 徐远国, 张玉民, 等. 装备全面质量管理[M]. 北京:国防工业出版社, 2003.

[30] 王玉泉. 武器装备全寿命质量管理[M]. 北京:装甲兵工程学院, 2009.

[31] 陆晓鹏, 唐薇, 陈正茂. 武器装备质量和风险管理[M]. 北京:海潮出版社, 2009.

[32] 张翱, 赵卫民, 姜书田, 等. 论证管理与质量评价[M]. 北京:海潮出版社, 2005.

[33] 万小平, 苏永江. 军品质量监督与检验验收[M]. 北京:总装备部综合计划部, 2001.

[34] 韦建南. 驻厂军代表工作概论[M]. 北京:总装备部综合计划部, 2001.

[35] 阮鎌, 陆民燕, 韩峰岩. 装备软件质量和可靠性管理[M]. 北京:国防工业出版社, 2006.

[36] 龚源. 军品质量工程[M]. 北京:国防工业出版社, 2008.

[37] 毛景立. 装备采购合约化质量理论研究[M]. 北京:国防工业出版社, 2008.

[38] 韩延林. 适应装备建设发展要求, 加强质量管理体系建设[J]. 装备质量, 2010(9):1 - 4.

[39] 王峰. 武器装备质量管理体系建设工作报告[J]. 装备质量, 2010(9):5 - 10.

[40] 孙霞, 徐旭, 游光荣. 提高新世纪新阶段武器装备建设质量和效益的思考[J]. 装备学术, 2008(2):4 - 7.

[41] 王征. 论装备论证质量管理[J]. 装备质量, 2005(5):14 - 17.

[42] 阎群章, 邹细刚, 阮永梅, 等. 武器装备论证质量刍议[J]. 装备质量, 2003(7):1 - 8.

[43] 孟宪军, 王学文, 王华. 加强装备型号论证质量控制的方法研究[J]. 装备质量, 2008(8):12 - 16.

[44] 夏旭. 装备研制生产质量监督模式研究[D]. 北京:装备指挥技术学院, 2004.

[45] 宿勇. 海军武器装备研制过程中"五性"监督模式探讨[J]. 装备质量, 2009(7):1 - 6.

[46] 王光辉, 卢永祥, 沙静波. 军事代表对民营企业质量管理体系监督方法探讨[J]. 装备质量, 2009(8):23 - 27.

[47] 单永海, 程永生, 白洪波. 装备试验过程质量管理研究[J]. 装备指挥技术学院, 2008, 19(4):107 - 111.

[48] 肖本龙, 傅亦源, 云雷. 电子装备试验质量管理体系有效性评估研究[J]. 电子对抗, 2010(2):40 - 43.

[49] 孙华昕. 装备维修过程质量控制与研究[D]. 西安:西北工业大学, 2005.

[50] 蒋跃庆, 黄益嘉, 黄伟, 等. 关于加强我军装备维修保障质量建设问题的思考[J]. 装备质量, 2008(6):1 - 6.

[51] 刘颖, 曹玉坤, 郭金茂, 等. 影响武器装备维修质量的基本要素分析[J]. 装甲兵工程学院学报, 2001, 15(3):28 - 32.

[52] 魏军, 梅洁才, 卢海翔. 基于质量链的舰船装备维修质量控制研究[J]. 中国修船, 2009, 22

(6):48 – 51.

[53] 戴汇川. 基于过程方法的装备质量监督管理研究[D]. 石家庄:军械工程学院,2007.

[54] 边亚琴,黄建新,张林. 基于过程的军品质量控制与质量管理研究[J]. 装备质量,2009(4):8 – 15.

[55] 许鹏. 无缝链接一体化管理质量监督的对策探讨[J]. 空军装备,2006(12):47 – 49.

[56] 刘皓. 对一体化装备质量保证的系统思考[J]. 国防技术基础,2008(9):27 – 31.

[57] 何益海,扈延光,王自力. 装备质量监督总体框架研究与思考[J]. 质量与可靠性,2009(1):20 – 24.

[58] 奚碚华,高贤志,李景森. 构建"三位一体"的装备质量管理新模式[J]. 海军装备维修,2010
(8):23 – 24.

[59] 冯国涛,刘沃野,孙力,等. 基于随机 Petri 网的维修质量管理组织结构建模与分析[J]. 军械工
程学院学报,2006,18(6):33 – 35.

[60] 黄少罗,冯国涛,张雪胭,等. 装备维修质量管理组织结构设计模型[J]. 装备环境工程,2007,4
(6):74 – 77.

[61] 黄群. 建立集成信息化质量管理体系运行系统,打造质量工作长效机制[J]. 国防技术基础,
2007(3):6 – 11.

[62] 薄大伟. 关于建立装备质量工作长效机制的思考[J]. 国防技术基础,2008(4):33 – 36.

[63] Stuart Husband,Purnendu Mandal. A conceptual model for quality integrated management in small and
medium size enterprises[J]. Inetrnational Journal of Quality & Reliability Management,1999,16(7):
699 – 713.

[64] Robert A. Orwig,Linda L. Brennan. An integrated view of project and quality management for project –
based organizations[J]. International Journal of Quality & Reliability Management,2000,17(4/5):
351 – 363.

[65] 沈云交. 克劳斯比质量思想研究[J]. 世界标准化与质量管理,2006(8):25 – 27.

[66] 朱兰. 朱兰质量管理手册[M]. 4 版. 1988,pp. 2. 2.

[67] GB/T 19000 – 2000 idt ISO 9000:2000. 质量管理体系标准[S]. 北京:中国标准出版社,2000.

[68] 中国人民解放军总装备部. 中国人民解放军装备工作名词术语释义[M]. 北京:军事科学出版
社,2004:120.

[69] 张维明,刘忠,阳东升,等. 体系工程理论与方法[M]. 北京:科学出版社,2010:16 – 18.

[70] 全军军事术语管理委员会,军事科学院. 中国人民解放军军语[M]. 北京:军事科学出版社,
2011:563.

[71] 刘继贤. 一体化联合作战与系统化建设[J]. 军事运筹与系统工程,2010,22(4):3 – 12.

[72] 邱昭良. 系统思考实践篇[M]. 北京:中国人民大学出版社,2009:51.

[73] 汪应洛. 系统工程[M]. 2 版. 北京:机械工业出版社,1994:27.

[74] 顾基发,王浣尘,唐锡晋,等. 综合集成方法体系与系统学研究[M]. 北京:科学出版社,
2007:11.

[75] 彼得·德鲁克. 卓有成效的组织管理[M]. 北京:东方出版社,2009:102.

[76] 蒋志青. 企业组织结构设计与管理[M]. 北京:电子工业出版社,2004:52 – 53.

[77] Richard L. Daft. Organization Theory and Design(Ninth Edition)[M]. Beijing:Tsinghua University

press,2007:102 - 103.

[78] 许玉林. 组织设计与管理[M]. 上海:复旦大学出版社,2003:121.

[79] 孙艳玲,艾克武. 对我军推行项目管理制度的调查分析[J]. 装备学术,2008(1):64 - 67.

[80] 孙艳玲,艾克武. 武器装备采购项目管理组织结构选择的一种量化方法[J]. 军事经济研究, 2008(5):29 - 32.

[81] Chin Kwai - Sang,Duan Gui - jiang,Xiao - qing Tang. A Computer - integrated Framework for Global Quality Chain Management[J]. Int J Adv Manuf Technol,2006(27):547 - 560.

[82] Li Yi - bing,Guo Shun - sheng,Dong Cheng - liang. Analysis and Application of Quality Management Decision Support System[C]. Proceedings of the 27th Chinese Control Conference,July 16 - 18, 2008:394 - 398.

[83] Wang Jiu - yan,Su Yi - kun,Tian Jin - xin. Study on the Construction Project Life - cycle Integrated Management System[C]. 2009 International Conference on Management Science & Engineering,September 14 - 16,2009:1976 - 1981.

[84] 王宇凡,梁工谦,张淑娟. 基于产品生命周期的制造业全质量管理系统研究[J]. 制造业自动化,2011,33(4):1 - 4.

[85] 郑立伟,商广娟,采峰. 质量文化评价及实证研究[J]. 世界标准化与质量管理,2011(10):34 - 38.

[86] 罗国英. 构建质量文化建设模式的研究[J]. 上海质量,2009(11):53 - 57.

[87] 沈陈涛,洪涛. 基于三层次模型的企业质量文化建设研究[J]. 电子质量,2009(11):43 - 45.

[88] 于川信. 军队后勤宏观管理机制论[M]. 北京:军事科学出版社,2010:132 - 133.

[89] 于川信. 浅谈我军后勤宏观管理机制建设[J]. 后勤学术,2007(3):103 - 105.

[90] 陈错,林可登,林孝诚. 新时期军队后勤管理更应强化协调职能[J]. 后勤学术,2005(7): 107 - 109.

[91] 王鹏,鲍志清. 项目管理和监理一体化项目界面管理研究[J]. 建设监理,2011(4):9 - 11.

[92] 杨慧,宋华明,刘小斌. 全过程界面管理视阈下新兴产业发展政策研究——鉴于美、日、西欧等发达国家经验[J]. 科学学研究,2011,29(5):684 - 691.

[93] 苏康,张星. 基于全寿命周期的建设项目界面管理[J]. 项目管理,2007(7):73 - 75.

[94] 曹瑄玮,张新国,席酉民. 模块化组织中的协调机制研究[J]. 研究与发展管理,2007,19(5): 38 - 44.

[95] 王芳,赵兰香. 重大科技项目模块化创新管理方法研究——对美国国防采办管理方法的探析[J]. 科研管理,2009,30(1):1 - 7.

[96] 林建宗,刘震宇. 组织间协调机制深化的实证分析[J]. 技术经济,2009,28(3):101 - 107.

[97] 孙霞,徐旭,游光荣. 提高新世纪新阶段武器装备建设质量和效益的思考[J]. 装备学术,2008 (2):4 - 7.

[98] 潘若恩. 对装备全寿命标准化管理协调机制的思考[J]. 军用标准化,2008(6):4 - 6.

[99] 敖景. 基于过程的质量管理体系策划[M]. 北京:中国标准出版社,2004:43 - 48.

[100] 薄洪光,张书冉,刘晓冰,等. 广义过程集成的钢铁产品质量控制管理模式[J]. 工业工程与管理,2010,15(5):60 - 65.

[101] 戴汇川. 基于过程方法的装备质量监督管理研究[D]. 石家庄:军械工程学院,2007:30 − 35.

[102] 蔡政英,郑来新. 闭环质量链及其过程控制方法[J]. 中国质量,2006(9):91 − 93.

[103] Kevin Dooley,John Anderson,Liu Xiaohe. Prccess Quality Knowledge Bases[J]. Journal of Quality Management,2000,4(2):207 − 224.

[104] 齐先莹. 关于建立和完善武器装备采办监督约束机制的探讨[J]. 装备质量,2001(4):1 − 7.

[105] 夏旭. 装备研制生产质量监督模式研究[D]. 北京:装备指挥技术学院,2004:43 − 46.

[106] 杨春,谢文秀. 对大型复杂武器装备质量监督工作的思考[J]. 装备指挥技术学院学报,2003,14(3):1 − 4.

[107] 赵涛,彭若愚,齐海燕. 设备监理中的监控及提高监控水平的方法[J]. 组合机床与自动化加工技术,2004(11):94 − 96.

[108] 魏刚,陈浩光. 武器装备采办制度概论[M]. 北京:国防工业出版社,2008:274 − 278.

[109] 王世贵,喻中华,王书敏. 基于关键控制点的装备作战需求认证过程质量评估方法[J]. 装备指挥技术学院学报,2011,22(3):25 − 29.

[110] 姬鹏宏,赵澄谋. 重大武器装备采办项目的里程碑设置研究[J]. 装备指挥技术学院学报,2004,15(3):14 − 17.

[111] 吕彬,罗小明,李霖. 建立和完善我军装备采办评价机制的初步思考[J]. 中国国防经济,2005(3):66 − 69.

[112] 佘青松,严明明. 我军装备采购管理评价机制现状及对策研究[J]. 军械维修工程研究,2011,28(1):71 − 73.

[113] 税世鹏. 装备建设管理引入评价机制的理论思考[J]. 装备,2003(2):32 − 34.

[114] 李明. 美国武器装备发展的评价机制[J]. 装备,2002(3):55 − 58.

[115] 董占朴,崔永红. 航空装备订货工作评价机制的落实[J]. 装备维修,2002(11):21 − 22.

[116] 侯光明. 管理激励约束[M]. 北京:北京理工大学出版社,1999:80.

[117] 张福兴,杨润奎,郭永才. 质量监督激励方法初探[J]. 海军装备维修,2008(6):18 − 19.

[118] 吕彬,张代平,王磊. 外军装备研制生产中质量责任问题研究[J]. 装备质量,2008(5):8 − 16.

[119] 韦应盛,侯兴明,黄希利. 基于目标和过程相结合的试验装备管理责任评价研究[J]. 装备指挥技术学院学报,2010,21(6):44 − 47.

[120] 戚安邦. 现代项目集成计划与控制的内容、原理与方法研究[J]. 项目管理技术,2007(5):22 − 28.

[121] 张俊光,吕廷杰. 软件质量保证计划方法的研究[J]. 项目管理技术,2006,29(2):42 − 45.

[122] Hideki Kobayashi. Strategic evolution of eco − products:a product life cycle planning methodology[J]. Research in Engineering Design,2005(16):1 − 16.

[123] 张玉麟. 大型制造业项目管理——集成计划应用探索[J]. 项目管理技术,2004(5):22 − 25.

[124] 胡爱本. 传统与超越——权变观管理学[M]. 上海:上海科学技术出版社,1989:37 − 41.

[125] Meng Chong,Song Huawen. Study on Integrated Plan Model of Equipment Quality Management[C]. 2011 International Conference on Quality Reliability,Risk,Maintenance,and Safety Engineering. Xi'an:IEEE Press,2011:734 − 740.

[126] 卢向南,赵致道. 项目计划与控制[M]. 北京:机械工业出版社,2004:228 − 236.

[127] 孟冲,宋华文. 武器装备全面质量管理目标分析方法研究[J]. 工业工程与管理,2012,17(1):22 - 27.

[128] 熊伟. 质量机能展开[M]. 北京:化学工业出版社,2005:50 - 55.

[129] 陈俊. 质量计划理论方法研究与开发实践[D]. 北京:北京航空航天大学,2007:56 - 60.

[130] 肖依永,常文兵. 基于 QFD 的供应链质量波动模型研究[J]. 装备质量,2009(1):34 - 39.

[131] Cengiz Kahraman,Tijen Ertay,Gül? in Büyük? zkan. A fuzzy optimization model for QFD planning process using analytic network approach[J]. European Journal of Operational Research,2006(171):390 - 441.

[132] Ciurana J,Garcia - Romeu M L,Ferrer I,et al. A model for integrating process planning and production planning and control in machining processes[J]. Robotics and Computer - Integrated Manufacturing,2008(24):532 - 544.

[133] Karsak E E,Sevin S S,Emre Alptekin. Product Planning in Quality Function Deployment Using a Combined Analytic Network Process and Goal Programming Approach[J]. Computers & Industrial Engineering,2002,44:171 - 190.

[134] 王晓晖. 基于 QFD 技术的飞行器测试发控系统设计质量控制方法[J]. 质量与可靠性,2009(6):34 - 37.

[135] 胡运权,郭耀煌. 运筹学教程[M]. 北京:清华大学出版社,2007:107 - 109.

[136] 胡雄鹰,朱湘晖. 基于 Petri 网的项目生命周期管理[J]. 福建电脑,2008(12):106 - 107.

[137] Peniosky P M. Dynamic Planning and Control Methodology for Design/build Fast - Truck Construction Projects. Journal of Construction Engineering and Management. Jan 2001,127(1):1 - 17.

[138] 祁方民,鱼滨,史立军,等. 基于 Petri 网的软件项目管理建模方法[J]. 系统仿真学报,2007,19(8):75 - 78.

[139] 袁崇义. Petri 网原理与应用[M]. 北京:电子工业出版社,2005:32 - 38.

[140] 吴哲辉. Petri 网导论[M]. 北京:机械工业出版社,2006:6 - 16.

[141] 江志斌. Petri 网及其在制造系统建模与控制中的应用[M]. 北京:机械工业出版社,2004:70 - 77,130 - 138.

[142] 施国强,李伯虎,柴旭东. 基于着色 Petri 网的复杂产品开发多项目调度建模研究[J]. 系统仿真学报,2007,19(17):3869 - 3872.

[143] Tamas Kis,Dimitris Kiritsis,Paul Xirouhakis. A petri net model for integrated process and job shop production planning[J]. Journal of Intelligent Manufacturing,2000(11):191 - 207.

[144] Zha X F,Lim S Y,Fok S C. Integrated Knowledge - based Petri Net Intelligent Flexible Assembly Planning [J]. Journal of Intelligent Manufacturing,1998(9):235 - 250.

[145] 喻宗斌,王浣尘,熊刚. 广告策划的 Petri 网模式[J]. 系统工程理论方法应用,1996,5(3):12 - 17.

[146] 黄圣国,吕兵,袁信. 研究计划管理系统的 Petri 网论法[J]. 南京航空学院学报,1989,21(4):69 - 76.

[147] Kim Jongwook,Desrochers Alan A,Sanderson Arthur C. Task Planning and Project Management Using Petri Nets[J]. 1995:265 - 271.

[148] 陆中,孙有朝,吴海桥. 基于着色随机时间 Petri 网维修性建模方法[J]. 机械工程学报,2011,47(5):185 – 191.

[149] 曲长征,吴向东,陈玉波,等. 考虑多类资源的多任务并行维修过程 Petri 网建模[J]. 装甲兵工程学院学报,2009,23(6):45 – 48.

[150] 熊惠明,徐国华. 考虑资源成本的 Petri 网在 FMS 调度中的应用[J]. 成组技术与生产现代化,2003,20(4):36 – 39.

[151] 吴绍艳. 工程项目工作流的 Petri 网表示及模型建立[J]. 计算机工程与应用,2009,45(30):10 – 12.

[152] 严胜益. 基于 Petri 网的项目管理方法研究[D]. 南京:南京航空航天大学,2006:54 – 60.

[153] 叶阳东,王娟,贾利民. 基于模糊时间 Petri 网的列车运行不确定性问题的处理[J]. 铁道学报,2005,27(1):6 – 13.

[154] 庞辉,方宗德. 基于模糊时间 Petri 网的协同工作流模型研究[J]. 系统仿真学报,2008,20(6):1567 – 1573.

[155] 幸研,易红,汤文成. 质量计划流程重组环境的研究[J]. 计算机集成制造系统——CIMS,2002,8(4):326 – 329.

[156] Chaillet A,Courvoisier M,Combacau M. Merging Petri Nets and Database Models for Control and Monitoring Requirements in F. M. S[J]. 42 – 47.

[157] 陈俊,唐晓青,李耀晔. 质量计划方法与软件工具系统研究[J]. 计算机集成制造系统——CIMS,2000,6(3):80 – 85.

[158] GB/T 19000 – 2008/ISO 9000:2005. 质量管理体系基础和术语[S]. 北京:中国国家标准化管理委员会,2005.

[159] 刘国栋,徐廷学,冷江. 武器装备质量管理体系有效性的探讨[J]. 军用标准化,2003(2):37 – 40.

[160] 郭子雪,张强. 质量管理体系运行有效性综合评价[J]. 北京理工大学学报,2009,29(6):560 – 564.

[161] 罗国英. 质量管理体系有效性的内涵及外延[J]. 中国质量,2006(2):8 – 12.

[162] 陈爱祖,唐雯,张冬丽. 系统运行绩效评价研究[M]. 北京:科学出版社,2009.

[163] 李兵. 质量管理体系有效性评价分析[J]. 质量与可靠性,2006(4):22 – 24.

[164] 宋东林,付丙海,唐恒. 基于全生命周期的科技计划项目过程管理评价体系构建[J]. 科学管理研究,2011,29(1):32 – 36.

[165] 王世贵,喻中华,王书敏. 基于关键控制点的装备作战需求论证过程质量评估方法[J]. 装备指挥技术学院学报,2011,22(3):25 – 29.

[166] 杜学美,尤建新. 一体化管理体系有效性评价研究[J]. 同济大学学报(自然科学版),2007,35(2):280 – 286.

[167] Folan P,Browne J. A Review of Performance Measurement:Towards Performance Management[J]. Computers In Industry. SEP 2005,56(7):663 – 680.

[168] 丰世林. 基于特征变量的质量管理体系有效性综合评价研究与实现[D]. 重庆:重庆大学,2004:37 – 38.

[169] Suzanne S M. Total Quality Management and Performance Appraisal: An Integrative Perspective[J]. Journal of Quality Management,2004,1(1):67 – 89.

[170] 国家质检总局. 卓越绩效评价准则评分系统和评分指南[J]. 轻工标准与质量,2005(2):9 – 11.

[171] 王国清. 对《卓越绩效评价准则》若干条款的理解和宣贯[J]. 中国质量,2005(1):15 – 18.

[172] 凡言.《卓越绩效评价准则》,对"测量、分析与改进"的要求[J]. 世界标准化与质量管理, 2006(4):30 – 33.

[173] 史语. 把握领导力在组织创造卓越绩效中的核心作用,解读《卓越绩效评价准则》对领导的要求[J]. 世界标准化与质量管理,2005(8):19 – 21.

[174] 华雨. 解析《卓越绩效评价准则》对"战略"的要求[J]. 世界标准化与质量管理,2005(9):39 – 42.

[175] 凡言. 解读《卓越绩效评价准则》对"顾客与市场"的要求[J]. 世界标准化与质量管理,2005 (10):47 – 49.

[176] 费洋. 解析《卓越绩效评价准则》对"资源"的要求[J]. 世界标准化与质量管理,2005(11):24 – 28.

[177] 张登兵,刘思峰. 熵与系统有序性研究综述[J]. 数学的实践与认识,2008,38(24):200 – 206.

[178] 阎植林,邱菀华,陈志强. 管理系统有序度评价的熵模型[J]. 系统工程理论与实践,1997 (6):45 – 48.

[179] 张超玉,纪建悦. 科研机构组织结构有序度与柔性度的熵分析[J]. 科技管理研究,2005,25 (9):239 – 242.

[180] 杨志宏,陈万明. 组织结构测度方法及应用[J]. 南京航空航天大学学报,2008,40(5): 715 – 720.

[181] 宋华岭,刘全顺,刘丽娟,等. 管理熵理论——企业组织管理系统复杂性评价的新尺度[J]. 管理科学学报,2003,6(3):19 – 27.

[182] Yan Wen – zhou,Niu Jia. A Study on the Performance Evaluation of Construction Project Integrated Management[C]. 2007 International Conference on Management Science & Engineering(14th),August 20 – 22:2351 – 2356.

[183] 高黎,何晓晔,刘小兵,等. 基于集对分析与粗糙集理论的综合评价模型[J]. 后勤工程学院学报,2009,25(4):81 – 85.

[184] 沈国际,王新峰,孙智信,等. 基于集对分析的高校科研公共服务平台绩效评价研究[J]. 科技管理研究,2008,28(12):226,228 – 229.

[185] 邱菀华. 管理决策熵学及其应用[M]. 北京:中国电力出版社,2010:335 – 342.

[186] 赵克勤. 集对分析及其初步应用[M]. 杭州:浙江科技出版社,2000.

[187] 阮平南,杨小叶. 基于协同理论的网络组织结构评价模型[J]. 武汉理工大学学报,2010,32 (23):183 – 186.

[188] 张志峰,肖人彬. 基于结构熵的生产系统有序性评价的实证研究[J]. 机械工程学报,2007,43 (6):62 – 67.